## 第1章
# いま、なぜ「戦後補償」なのか
「うさぎ島」から見えるもの　水島朝穂

- 4　「うさぎ島」の過去と現在
- 5　大久野島の毒ガスの罪深さ
- 8　戦後補償問題とは何か
- 9　「戦後」の
- 10　戦後補償

## 第2章
# 想いは時をこえて、願いは海をわたって …………13
～失われた尊厳の回復を求める人たち～　吉原雅子

- 14　はじめに
- 14　旧日本軍遺棄毒ガス・砲弾被害訴訟原告　李臣さん
- 17　旧日本軍遺棄毒ガス・砲弾被害訴訟原告　劉敏さん
- 19　平頂山事件訴訟原告（現控訴人）　莫徳勝さん
- 22　劉連仁訴訟承継人　劉煥新さん
- 24　731・南京虐殺等損害賠償請求訴訟原告（現控訴人）　高熊飛さん
- 27　おわりに

## 第3章
# 戦後補償裁判の概要と補償立法の動向 …………29
馬奈木厳太郎

- 30　はじめに
- 30　中国人元「慰安婦」訴訟
- 36　平頂山事件訴訟
- 39　強制連行・強制労働福岡訴訟
- 43　裁判の争点
- 49　補償立法の動向

## 第4章
# 隣国からのメッセージ "中日両国人民世世代代友好下去" …57
吉原雅子

- 58　はじめに
- 58　歴史認識
- 59　中国での「対日戦争賠償請求訴訟」報道
- 64　中国の「国交正常化前後世代」
- 70　おわりに

## 第5章
# 「戦後補償」　知り、考え、動く明日に向けて …………71
～パネル・ディスカッションの記録～　山本千晴

- 72　PROLOGUE
- 73　PANEL DISCUSSION
- 81　FLOOR DISCUSSION
- 89　EPILOGUE

- 94　戦争・戦後補償裁判一覧表
- 102　関連年表
- 104　あとがき（水島朝穂）

未来創造としての「戦後補償」
「過去の清算」を越えて

## 第 1 章

第2次世界大戦中の「満州」での対毒ガス訓練

# いま、なぜ「戦後補償」なのか
「うさぎ島」から見えるもの

## 水島朝穂

## 「うさぎ島」の過去と現在

　三河湾国定公園にある「うさぎ島」(愛知県幡豆町)。400羽のうさぎが放し飼いにされた観光スポットでしたが、観光客の減少により1998年3月に廃止されました。三河の「うさぎ島」はなくなりましたが、もう一つ、瀬戸内海に「うさぎ島」という隠れた名称をもつ島があります。青い海と潮風に揺れる椰子の葉。広島県竹原市忠海沖3キロにある大久野島です。周囲4.3キロの「リゾートアイランド」。1963年に島全体が国民休暇村になりました。訪れる観光客はまず、港でうさぎたちの出迎えを受けます。推定500羽の野良うさぎ。でも、瀬戸内の「うさぎ島」の方は悲しい歴史を背負っています。

　インターネットには、大久野島観光をした個人の日記や旅行記が、美しい風景やかわいいうさぎの写真とともに出されています。でも、若い人たちの旅行記の多くは、大久野島のうさぎの事情について想像力をめぐらせようとする姿勢に欠けたものも少なくありません。なかには、「毒ガス資料館あったけど、閉館だった」で終わっているものも。

　そんな旅行記と並んで、異色のサイトを見つけました。各地のうさぎ名所を紹介する、うさぎ好きのサイト「しかぽんページ」(http://www.jiru.com/indexS.shtml)です。このサイトの大久野島「過去と現在」への眼差しは確かです。

　1929年から1945年までの16年間、大久野島では恐ろしい毒ガスが作られていました。島全体が陸軍の毒ガス製造工場となっていたのです。正式名称は「東京第二陸軍造兵廠火工廠忠海兵器製造所」。レンタサイクルで島を一周してみれば、この島の不気味さがすぐに理解できます。島内のあちこちに毒ガス工場の残骸があり、その周囲にも、野性化したうさぎがたくさんいます。このうさぎたちの「先祖」は何だったのか。戦前、毒ガス実験のため、大久野島ではたくさんのうさぎが飼育されていました。国民休暇村に指定されたころ、観光用に10羽ほどが島に連れてこられました。学校などで飼育しきれなくなったうさぎもここに捨てられたようです。この島の推定500羽のうさぎのなかには、毒ガス工場時代の実験用うさぎの子孫も含まれているでしょう。

　戦後、この島に65万個の毒ガス弾の赤筒(原料は砒素)が埋設され、その影

大久野島毒ガス資料館とうさぎ

響で島の各地で砒素が検出されました。そのため、島内には未だに立ち入り禁止の場所があちこちにあります。「しかぽんページ」は、大久野島をくまなく回り、汚染地域周辺のうさぎに異常が見られることに注目します。足が90度ひん曲がったうさぎ、腫瘍のあるうさぎなど、写真で詳しく紹介しています。

「『皆さん聞いて！　私のじいちゃん、ばあちゃんたちは、大久野島で毒ガスの実験に使われて亡くなったのです。このようなことは二度としてはいけません』と私たちに呼びかけているようです」。村上初一・大久野島毒ガス資料元館長の言葉です。

## 大久野島の毒ガスの罪深さ

　毒ガス工場が作られた1929年とはどういう年だったのでしょうか。当時日本は、国際連盟の責任ある常任理事国でした。1928年にパリで署名された「不戦条約」（戦争放棄に関する条約）を批准し、1929年7月25日に公布していたのです。その第1条には、「締約国は国際紛争解決の為戦争に訴えることを非とし且其の相互関係に於て国家の政策の手段としての戦争を放棄することを其の各自の人民の名に於て厳粛に宣言す」とあります。日本は、すでに国際社会で禁止されていた「毒を施したる兵器」を、戦争目的で密かに製造しはじめてい

のです。しかも、それが「不戦条約」の公布・発効とほぼ同時だったところに、姑息さと厚顔無恥さがあらわれています。

　大久野島毒ガス工場の従業員は、多い時で5000人。広島県のみならず、遠く九州からも出稼ぎにきました。しかし、ここでの労働は過酷をきわめ、養成工たちは「大苦之島」と呼び、「ここで毒ガスを吸って死ぬより、いっそ戦場へ行こう」と考える人も少なくなかったといいます。ここで生産された毒ガスの総量は6616トン。びらん性毒ガスのイペリット（黄１号）、びらん性毒ガスのルイサイト（黄２号）、窒息性毒ガスの青酸（茶１号）、くしゃみ性毒ガスのジフェニール・シアンアルシン（赤１号）、催涙ガスの塩化アセトフェノン（緑１号）など、毒ガスのほぼすべての種類が生産されていました。

　大久野島の毒ガスは３種類の死をもたらしました。第１に、この毒ガスの使用による犠牲者です。日本軍は、毒ガスを、台湾・霧社事件（1930年11月）での「暴徒鎮圧」を皮切りに、中国戦線で大規模に使用します。中国側の研究によれば、日本軍は中国で2000回以上毒ガス兵器を使い、１万人の死者が出たといいます（死傷者９万5000人という数字も）。第２に、毒ガス製造にたずさわった人々です。現在、大久野島には２つの慰霊碑があります。戦前、陸軍が建てた慰霊碑には「殉職者３名」とあり、1985年に竹原市などが建てた「大久野島毒ガス障害死没者慰霊碑」には2220人とあります（1996年８月31日現在）。毒ガスが原因で呼吸器疾患などの後遺症に苦しむ人々はまだまだたくさんいて、正確な犠牲者の数は確定できていません。第３は、日本軍が敗戦時に中国に遺棄してきた毒ガス弾（推定で70万から200万発）による戦後被害です。2000人以上が農作業などで遺棄毒ガス弾で負傷し、犠牲者は100人近くなると言われています。

　1997年４月に「化学兵器禁止条約」が発効しました。条約は「他国領域内に遺棄したすべての化学兵器」の廃棄を10年以内に完了することを義務づけています。その期限は2007年４月です。
　大久野島で製造されていた毒ガスは、さまざまな歴史的負債を負っています。毒ガス製造にたずさわった人々への補償、そして、遺棄毒ガス弾による被害を

いまでも廃墟として残っている、大久野島毒ガス工場の発電場（内部）
写真撮影：下道基行

受けた人々に対しての補償です。しかし、日本政府はこれに応じていません。96年12月に遺棄毒ガス砲弾事件第1次訴訟が、97年10月に同第2次訴訟が開始されました。2003年5月15日、第1次訴訟の東京地裁判決が出ました。判決は、「日本軍が終戦のころに危険な性質を有する毒ガス兵器及び砲弾を遺棄したという違法な先行行為が存在し、毒ガス兵器及び砲弾による人の生命・身体への危険があって、かつ、その危険が切迫していた」と、初めて遺棄毒ガスの違法性を認定しました。ただ、「我が国の主権の及ばない中国において、遺棄された毒ガス兵器を回収したり、その所在を調査することは、著しく困難」だとして、日本政府に撤去の義務はなかったと判断。さらに、国家賠償法が施行される以前の、戦前の公権力行使については国は責任を負わないとする「国家無答責の法理」も採用して、原告の請求を棄却しました。

　いま、大久野島がリゾートアイランド「瀬戸内うさぎ島」の未来を確実なものにするためにも、この島が生み出した暗い過去と向き合い、戦後補償問題を未来への一石として誠実に取り組むことが求められています。

　なお、本書ではタイトルに「戦後補償」という用語を使っていますが、これ

第1章　いま、なぜ「戦後補償」なのか──「うさぎ島」から見えるもの

は法的には正確な表現ではありません。というのも、「補償」とは、適法な行為によって生じた損害に対するものだからです。ところで、本書で取り上げているものは、戦争被害です。この被害を私たちは不法行為によるものだと考えています。したがって、法的な表現としては「賠償」を用いるべきでしょう。本書では、一般に広く流通している「戦後補償」という表現を用いましたが、この法的な意味の違いには十分留意していただきたいと思います。

## 戦後補償問題とは何か

　戦後補償問題と言っても、それは古くて新しい問題をたくさん含んでいます。例えば、この問題は、戦後60年近くが経った現在、「過去の問題である」とか、「すでに解決済みの問題である」と言われることがあります。また、問題の性質を「過去の清算」という面だけで評価し、歴史を否定的にみる向きもあります。でも、こうした理解でよいのでしょうか。ちょっと調べてみればわかるように、21世紀の今日にもなお、戦争の被害に苦しみ、また新たに被害者となる人たちが存在しています。こうした人たちにとっては、決してこの問題は「過去」の問題ではありません。

　確かに、戦後補償問題とは、その原因や端緒をどこに見出すかについては議論があるところです。でも、歴史的には、少なくとも明治時代の対外的な膨張政策の時期にまで遡る必要のある問題です。その意味で、この問題は「歴史的」なものではあります。当時、日本は、1894年の日清戦争に始まり、日露戦争、朝鮮半島の併合・植民地支配、第1次世界大戦、シベリア出兵、「満州事変」、日中戦争と、戦争や侵攻・侵略を進めてきました。こうした一連の政策の総決算として、第2次世界大戦（アジア・太平洋戦争）は位置づけることができます。日本は、アメリカとイギリスに対して宣戦布告しましたが、実際の戦場には、こうした国々の植民地や、日本が占領した国・地域の多くが含まれました。現在のインドネシアや、ビルマ（ミャンマー）、マレーシア、東ティモール、シンガポール、フィリピン、中国、香港、台湾、朝鮮半島、オーストラリア、パラオ諸島、マーシャル諸島などがそうです。この戦争を通じて、国内での原爆投下や東京大空襲、沖縄戦、国外での戦闘や餓死などによって約310万人の日本人が亡くなりましたが、あわせて2000万人以上ものアジアを始めとする国々の人たちも亡くなりました。この死者には、軍人や戦闘員はもちろん、それ以

外の民間人、女性や子どもなども含まれています。また、亡くならないまでも、家族を引き裂かれ、家や財産を失い、無理やり連行されて過酷な労働に従事させられ、軍人などを相手に性的行為を強要され、植民地支配の下で不本意ながら日本軍に協力せざるを得なかった人たちなども、各地に多く存在しました。さらに、戦争状態が終了してから数十年経った後であっても、日本軍が遺棄した毒ガス兵器や不発弾などに触れたため、死亡したり被害を被った人たちもいます。これらの人々は、身体的・物理的にはもちろん、戦後においても、PTSDなどの精神的苦痛や、戦争に起因する障害や差別に悩み苦しんでいるのです。

## 「戦後」の問題状況

　戦後、それまでの植民地や占領地だった地域の多くは、独立戦争などを通じて、独立国としての歩みを踏みだし始めました。しかし、こうした独立国には、軍事政権や開発独裁型の政権の国が少なくありませんでした。また、こうした国々では、長年の植民地支配や戦争の結果、資源や農地が荒廃したりして十分ではなかったり、インフラが国民に対して開かれたものとなっていなかったりしました。あわせて、法律の整備などもなされておらず、基本的人権の観念なども浸透・定着してはいませんでした。

　さらに、東西冷戦という時代状況のなかで、経済を発展させるためにもアメリカなどからの支援が不可欠だという判断や、また日本帝国主義と日本人民とは区別すべきであるという「寛容」論など、様々な外交的・政治的判断が国際政治の力学の下で働き、1950年代以降、日本と講和条約を締結した国々のなかには、国家として日本に対して戦争賠償を請求する権利を放棄するとしたところも少なくありませんでした。

　他方、これらの国々にあって、戦争によって被害を受けた人たちやその家族などにとっては、依然として「戦後」を迎えることはできず、生活支援や日本に対する謝罪などを求めて自国政府に働きかけたり、その国の日本大使館などに謝罪や賠償を要求する人たちもいました。また、日本国内に定住せざるを得なかった人たちは、戦争直後、すなわち、こうした人たちにとっては解放直後から、自国の歴史や文化、言語などを新しい世代に伝えることが始められました。そのときのスローガンは、「力のある者は力を出そう、知恵のある者は知

恵を出そう、金のある者は金を出そう」というもので、同胞の互助の精神が強調されていました。あわせて、日本政府に対して、謝罪や賠償、生活保障などの要求もなされました。しかし、以上のような国内外の取り組みは、なかなか多くの日本人に知られることはありませんでした。

　1980年代に入り、歴史学などの研究の進展や、NGOの取り組みの拡大などを背景として、ようやく日本国内でも歴史認識や戦争責任の問題が広範に認識されるようになってきました。さらに、1990年代に入ると、東西冷戦も終わり、戦争被害を受けた国々での権利意識の高揚や、被害者の国の政府が個人による賠償請求を許容する態度を取り始めたことなどもあり、日本政府の無作為に業を煮やした被害者やその家族が、もちろんそれ以前から提訴されていたものもありますが、戦後50年にあたる1995年に前後して、日本の弁護士や支援者などの協力を受けつつ、次々と戦後補償裁判と呼ばれるものを日本の裁判所に起こすようになりました。こうした一連の戦後補償裁判では、判決において、国際法上は個人に権利主体性を認められないとか、戦後50年も経ってからの賠償請求は除斥期間を経過しており認められない、戦前の国家の権力的作用については国は責任を負わないといったことなどを理由に原告敗訴の場合が少なくないのですが、いくつかの裁判では原告が勝訴しているものもあります。しかし、裁判は時間的にも長期にわたるものであり、原告の高齢化が進んでいます。裁判途中で亡くなる原告も少なくありません。これが、現在の裁判の現状です（⇒裁判の概要や原告の想いについては、詳しくは第2章と第3章を参照してください）。

　ところで、戦争によって被害を受けた人たちが、60年近くも経ってなお裁判を訴えているということ、しかも自分の国だけではなく日本にまで来て訴えているということは、どういうことを意味するでしょうか。

## 戦後補償裁判

　原告の人たちは、裁判において、国に対し、事実を率直に認め、謝罪と賠償をすべきだと訴えています。これは、原告のみならず、被害を受けたすべての人に共通する想いでしょう。また、原告の人たちにとっては、裁判を起こすことが、自らの尊厳と名誉を回復させるプロセスともいえます。こうした原告の人たちの訴えや想いを、私たちはどう受けとめたらよいのでしょうか。

裁判では、直接被告となっているのは国です。私たち国民ではありません。また、戦後生まれの人たちは、戦争当事者でもなく、戦争責任を直接負うものでもありません。だから、戦後世代の国会議員のなかには、「私が戦争をしたわけでもないのに責任があるなどといわれても困る」といった趣旨の発言をする人もいます。このような被害と向き合わないという態度も、1つの選択肢でしょう。しかし、被害者が戦後60年近くも経ったいま、なぜ訴訟を起こしたのか。そのことを考えるとき、同時代を生きる私たちはそれと向き合わないでよいのでしょうか。
　むしろ、私は、法的にも、そしてまた道義的・政治的な観点からも、正面からそのことに向き合うべきだと思っています。そうした態度は、将来に対しても大きな意味を持っていると思います。そう考える理由は、次のようなものです。

　まず、繰り返しになりますが、戦後に生まれた人たちは、直接に戦争責任を負う当事者ではありません。しかし、このことはまた、戦後に生まれた人たちが、被害者の人たちと敵国として直接戦ったわけではないことも意味します。戦後の生まれの人たちは、そうした戦争世代が有している"しがらみ"から解き放れています。だから、より冷静に事実を認識し、戦後補償問題と向き合える素地があると考えられます。
　また、現在の憲法によって保障されている国のあり方は、先の大戦やそれを遂行させた体制を反省し、否定することによって成立したという経緯があります。憲法前文は、「政府の行為によって再び戦争の惨禍が起ることのないやうにすることを決意し、ここに国民に主権の存することを宣言し、この憲法を確定する」としているのです。戦後に、この憲法の下で主権者として生きる私たちとしては、少なくとも現在の国の"理念的な"あり方（国民主権、基本的人権の尊重、平和主義）を以前よりもより良いものだと考え、その維持・発展を願うのであれば、先の否定された国のあり方やその下で行われた事実についても、もっとこだわり噛みしめるべきなのではないでしょうか。否定された国のあり方から離れた所に自分たちだけ身を置くことができれば、それで良しとするのではなく、先の国のあり方を否定し続けていくこと、そして先の体制の下で被害を受けた人たちに向き合っていくことも、同時に必要なことのように思

われるのです。そしてそれが、「戦争責任」ではなく「戦後責任」だろうと思われるのです。

　事実を事実だと認めることや、謝罪すべきことを謝罪することは、決して自虐的なことだとは思いません。原告の人たちは、戦時中には深刻な被害を受けましたが、今後は日本の人たちと仲良くしていきたいとも述べています。中国の若い人たちのなかにも、そうした声は少なくありません（⇒詳しくは第４章を参照してください）。今後は、ますます世界は身近なものになり、みなさんに中国やその他の国々の人たちと交流する機会が増えていくでしょう。このことは、政府レベルや企業などでも同様です。もし私たちが、今後、アジアの他の国々と将来にわたり、より良い関係や友好関係を築こうとするのであれば、戦後補償の問題は、信頼を回復しさらに深めるための基礎となるものだと考えます。それはまた、単に「過去」を清算するだけではなく、将来の友好と平和に対する「投資」ともなるものです（⇒詳しくは第５章を参照してください）。

　すでに、被害者は、亡くなる人もでてくるほどに高齢化しています。一日も早い事実の認定と、謝罪・賠償が求められています。また、戦後に生まれた私たちとしては、過去を心に刻み続けることと、そしてこの過去の過ちを繰り返さないための意識と努力が大切です。現在、「有事法制」ができあがり、「イラク特措法」で本格的な海外派兵への道が開かれ、さらに教育基本法や憲法を変えようとする動きのなかで、こうした努力はきわめて大切になっています。

　　＊本書は、裁判資料上や語学上の問題などから、裁判の紹介は中国人が原告となっている裁判に限定しています。しかし、そこで問題になっている内容は、中国という国を越えて、被害者一般に及ぶものです。その意味では、中国を素材にしていますが、広く戦後補償問題を考えるうえで、何らかの示唆を与えられるものになればと願っています。

---

【より詳しく学習したい人のために】
大江健三郎『ヒロシマ・ノート』（岩波書店、1965年）
高橋哲哉『戦後責任論』（講談社、1999年）
石田勇治『過去の克服』（白水社、2002年）
辰巳知二『隠されてきた「ヒロシマ」――毒ガス島からの告発』（日本評論社、1993年）
尾崎祈美子『悪夢の遺産――毒ガス戦の果てに』（学陽書房、1997年）

# 第2章

強制連行・強制労働の被害者、劉連仁さん

# 想いは時をこえて、願いは海をわたって
～失われた尊厳の回復を求める人たち～

**吉原雅子**

## はじめに

"戦争の世紀"と言われた20世紀には、戦場からの生々しい映像をテレビで見ることも稀ではなく、また戦争をテーマにした映画もめずらしくありませんでした。"戦争"と聞いて、私たちは容易にその光景をイメージすることができるでしょう。武器や戦車。銃をかまえる兵士。逃げ惑う子どもや泣き叫ぶ母親。では実際に、戦争被害者の体験を聞いたことのある人はどれくらいいるでしょうか。

中国人戦争被害者の大多数は無差別爆撃や虐殺により、戦争中にその尊い生命を奪われました。また生存者の方々も、その後の人生を、肉親を目の前で殺害されたり、または奴隷のように扱われ労働させられたり、または強姦をされた、そういったはかり知れない恨みや悲しみや憎しみの気持ちに自らもまた苛まれながら、何十年という年月を今日まで生きてきました。旧日本軍が遺棄した化学兵器被害による後遺症の症状に、今もなお苦しむ被害者も多く存在します。

そして多くの戦争被害者はすでに高齢です。痛みを深く胸に閉じ込め、被害者の方々は今も、それぞれの生活を気丈に営み続けています。

ここではその中で数少ない、対日賠償請求訴訟の原告となり日本の裁判所で陳述をされた被害者の方とその陳述内容を紹介します。

### 旧日本軍遺棄毒ガス・砲弾被害訴訟原告　李　臣　さん

李臣(リ・チェン)さんは1945年7月、終戦直前の生まれで57歳です。李臣さんは、戦後になって旧日本軍が遺棄した毒ガス弾により人生を大きく変えられ、様々な痛みや苦しみを伴う生活を強いられている被害者の1人です。痛みをこらえ、脚をひきずりながら歩く李臣さん。「大丈夫ですか？」と手を貸そうとすると「能堅持」と答えました。「耐えられる」もしくは「我慢できる」と訳すことができるでしょう。「耐えること」が当たり前の日常、「耐えるしかない」日常を被害に遭ってからの20数年間、李臣さんは送っています。

事故に遭うまでは、李臣さんは何の病気もなく健康そのもので、働き盛りの29歳でした。

李臣さん

陳述書の下書きやパスポートなどが入れられていた小さなバッグから宝物のように李臣さんが取り出したのは、家族の写真と事故に遭う前の若い頃の自分の写真でした。写真を見せながら誇らしげだった李臣さん。でもその眼差しは、とても淋しそうでもありました。

　李臣さんは兵隊を退役した後、1968年4月から、交通部所属黒竜江省航道局に勤務するようになりました。1970年には結婚し、1973年には長女が生まれました。1974年4月からは紅旗09号吸引式掘泥船（浚渫船）に派遣され、李臣さんは機関室担当の助手をしていました。ガソリンを補給したり、機械の修理をするのが李臣さんの仕事でした。

　1974年10月20日午前2時、李臣さんは毒ガス事故に遭いました。李臣さんは29歳、李臣さんの長女がまだ11か月のときのことでした。その日、李臣さんが深夜の勤務をしていた紅旗09号船の泥吸ポンプに、何かが引っかかりました。李臣さんは交代で休息をとっているところでした。異常に気づいた李臣さんを含む作業員4名は、クレーンで吸泥ポンプの蓋を引き上げて開けました。ポンプからは水があふれ、まっ黒な液体が水面上に漂いました。

　ポンプの中にあったのは長さ50センチ、直径10センチくらいの大きさの砲弾でした。噴出した液体はマスタードのような匂いがしました。それを嗅いだ李臣さんは呼吸困難に陥り、口が渇き、涙が出はじめました。その後めまい、頭痛、吐き気といった症状に襲われます。川の底から引き上げてしまった、さび付いてでこぼこになった鉄製のその砲弾から噴出した黒い液体は、李臣さんを苦しみのどん底に突き落としました。

　症状はひどくなる一方でした。黄色い液体を吐き、全身の力が抜けていきました。砲弾に触れてしまった李臣さんの手は痒みはじめました。そして赤く腫れあがり、水泡が一面に出てきました。

　それから李臣さんは、症状に苦しみながら列車に乗り、また飛行機に乗り、他の市や遼寧省、北京の病院へ行きました。頭には鳥のタマゴほどの水泡ができていました。糜爛（びらん）は全身におよびました。糜爛した皮膚を生理食塩水につけハサミで切り取るという治療は激しい痛みをともない、李臣さんは何度も意識を失いました。糜爛した皮膚を切り取ることはできても、病気を治すことはできませんでした。そして入退院と通院を繰り返し、その症状は現在も継続しています。病気になり精神的に打撃を受けた李臣さんは、自分を叩いたり、自分

の体を嚙んだり、自分の体の肉を食いちぎったこともありました。物を投げたり壊したりもしました。そのたびに家族はどうすることもできず、ただ泣きくれていました。

被害は、李臣さんだけでなく家族をも苦しめています。李臣さんから感染してしまった奥さん、マスタード中毒症とあだ名をつけられいじめられてしまった娘さん。李臣さんは仕事ができなくなり、そのうえ医療費にも悩まされ、貧しい暮らしをせざるを得ません。生計を支えるため、奥さんはゴミ拾いをしてそれを売りました。精神的に不安定になってしまった李臣さんを支え、そして生活を支えなければなりませんでした。

毒ガス被害の症状で、仕事ができないばかりか思うように体も動かせません。ひとりでは何もできず、家族にまで辛い思いをさせてしまっています。被害に遭ってからの病苦と生活苦で生きていく自信をなくした李臣さんは、とうとう自殺をはかりました。農薬と白酒をまぜて飲んだのです。1985年のことでした。3日間の救命治療。李臣さんは一命をとりとめました。しかし、李臣さんはふたたび自殺をはかります。高いビルの屋上から飛び降りようとしました。家族が悲しむことも苦しむこともわかっていて、それでも死を選ぼうとした李臣さんの苦しみ。砲弾から噴出した真っ黒な液体が一家を破滅させていきました。

涙声になり大きな体を震わせて、自殺を試みたことを陳述する李臣さん。そして最後にこう訴えました。

「私は、日本政府に3つ、要求したいことがあります。1つは、中国各地に残されている毒ガス弾を徹底的に廃棄処理することです。他の人が私と同じような目にあわないようにして下さい。2つは、歴史の悲劇を繰り返さず、中国と日本が友好を結んでいくため、毒ガス戦のために、毒ガスを作り中国に持ち込み使った事実を認め、謝罪すること。3つは、被害者の私と家族の肉体的、精神的、経済的被害に対して責任を認め賠償することです」。

1つ目に挙げられた「他の人が同じような目にあわないようにして下さい」という要求。しかしその数か月後にはまた、中国東北地方で幼い兄弟2人が遺棄化学兵器の被害に遭い命を落としています。

滞在中は日本の市民と毎日のように交流しました。李臣さんは移動中のタクシーでいつも大きな目に涙をためていました。幼くして孤児となった李臣さん。

「私は今まで生きてきたなかで、こんなに他人の愛情を感じたことがありま

せん。被害に遭ってからは他人には避けられ冷たくされてきました。毒ガス被害の症状で涙が出ているのではありません。これは、心が流している涙です」。

涙がこぼれ落ちないよう、傷跡が残るその大きな手で、李臣さんはいつも涙を拭っていました。

## 旧日本軍遺棄毒ガス・砲弾被害訴訟原告　劉　敏　さん

劉敏(リゥ・ミン)さん。1977年生まれ、26歳。黒龍江省周家鎮東前村事件の被害者・劉遠国(リゥ・ユエングオ)さんの長女です。病気がちな母親の医療費を捻出するためハルピン市内で職を転々としながら、同時に日本語の勉強をしています。

劉敏さん

旧日本軍により遺棄され、現在も中国の東北地方に200万発以上残されているといわれる毒ガス弾や砲弾。旧日本軍の弾薬庫跡地付近では多く発見されており、その砲弾が爆発することも稀ではありません。住民や幼い子供の安全までもが脅かされているのが現状です。

劉敏さんの父、劉遠国さんもその砲弾の爆発により被害を受けました。いつもと変わらない日常生活の中で、事故は発生しました。いつものように母親の祁淑芳(チィ・シゥ・ファン)さんは家事をし、劉敏さんと弟の劉波(リゥ・ポー)さんは学校へ、父親の劉遠国さんは仕事に出ていました。そしてその日も、いつものように劉遠国さんが帰宅し、一家は楽しく食卓を囲むはずだったのです。

しかし日本軍が遺棄した砲弾は、劉遠国さんの尊い生命を奪いました。ある日突然このような事故が、まさか自分たちの家族の身に起こり、父劉遠国さんが帰らぬ人となってしまうなんて——。誰もが想像もしていなかったことでした。当時、劉敏さんは高校2年生でした。

劉遠国さんは火力発電所でアルバイトをしていました。列車で運ばれてきた石炭を降ろす仕事でした。その工場はハルピンの公営の工場で、村から通勤していました。隔日の仕事でした。仕事が休みの日には農作業をしていましたが、事件の発生する6か月程前頃から村では道に砂利を入れ車道を作る作業が行われており、劉遠国さんもアルバイトのない日にこの仕事をしていました。

第2章　想いは時をこえて、願いは海をわたって〜失われた尊厳の回復を求める人たち〜

1995年8月29日――事故発生。家族が病院に駆けつけたときには、劉遠国さんは昏睡状態で、右手はすでに爆破によって手首から先が飛ばされてなくなっており、もう一方の手は皮一枚でつながっている状態でした。右足は骨折し、左足には爆弾の残骸が貫通した跡がありました。全身に火傷を負っていました。その日劉遠国さんは手術を受け、皮一枚でつながっていた手を切断しました。火傷は身体の35パーセントにおよんでいました。皮をすべて取り除き、ガーゼと薬を患部に張り付け火傷の治療が行われました。火傷は糜爛を何回も繰り返しました。

　劉敏さんと祁淑芳さんは、交代で劉遠国さんの看病をしました。火傷により糜爛をした表皮を取り除き、2時間に1回は体の向きをかえ、寝返りをさせ、一日中看病しました。

　その間、劉遠国さんは酸素吸入マスクをし、薬を点滴し、輸血をしていました。しかし、事故発生から17日後の9月15日、入院費用が支払えなくなってしまったため退院しなければならなくなり、劉敏さんたちは劉遠国さんを家に連れて帰りました。翌16日午後3時に劉遠国さんは死亡しました。

　劉遠国さんを何とか救いたいと医療費を工面した劉敏さん一家は、その後借金返済のため、それまで住んでいた家を手放さなければなりませんでした。家族の思い出が詰まった家でした。

　「手放す前の家は父が自分で建てた自慢の家でした。夕方には、家族で家の外に出て父親が帰ってくるのを待っていました。父はよく果物などを私や弟のために持って帰ってきました。夏にはよく家族4人で、庭で食事をしました。この家での生活は幸せそのものでした。ところが、8月29日、旧日本軍が遺棄した砲弾によって私達の幸せは一瞬にして壊されてしまいました」。

　「旧日本軍がこのような砲弾を遺棄しなければ、爆発事故も発生せず、父劉遠国が死ぬこともありませんでした。戦争が終わってから50年も後に、旧日本軍が遺棄した砲弾によって私の父を奪われたことについて、日本国にきちんと謝罪と賠償をするように強く望みます」。

　劉敏さんは、両手で顔を覆い、涙を流しながら陳述しました。

　一家の主を失い、母祁淑芳さんは日に日に病弱になりました。借金の返済もあったため、劉敏さんも弟の劉波さんも学業を続けることができなくなりました。中途退学をせざるを得なかった2人は、そのため現在も安定した職に就く

ことができません。しかし劉敏さんには教師になりたいという夢が、劉波さんには獣医になりたいという夢があります。アルバイトをしながら一家の生活を助け、劉敏さんは高等学校の卒業試験に参加し、高校の卒業資格を得ました。劉波さんも獣医になるための勉強を独学で始めたと、劉敏さんが知らせてくれました。

「本当は、戦争の話や父が被害に遭った話を抜きにして、あなたや他の日本人と接したい」──劉敏さんの言葉が忘れられません。

### 平頂山事件訴訟原告（現控訴人）　莫　徳勝　さん

「平頂山虐殺事件からすでに70年が過ぎ去りました。この不幸な歴史を振り返ると、心を痛め、涙せずにはいられません」。

莫さんは静かに陳述を始めました。莫 徳 勝（モウ・ダーシャン）さんは第3章でも紹介されている平頂山事件の生存者の1人です。

1932年9月16日、日本関東軍の撫順守備隊は、平頂山の村人たちが匪賊に通じているという口実で3000人もの罪のない村民たちを山のふもとの野原に追い立て、大虐殺を行いました。

莫徳勝さん

「私の身内5人はそこで亡くなりました。あの残忍な大虐殺を、私は終生忘れることができません」。莫さんは続けました。

前夜の15日夜は、中国では一家団欒の象徴とされる中秋の名月の夜でした。毎年中秋の名月の日が訪れると、莫さんはこの事件を、家族と過ごした最後の夜を思い出さずにはいられないと言います。

1932年9月15日の深夜でした。「殺せ！　殺せ！」と叫ぶ声に、莫さんは目を覚ましました。抗日部隊東北義勇軍が平頂山を通って行くところでした。間もなく西北の方角からはげしい銃声が聞こえてきました。日本軍との戦闘が始まったと思いました。銃声が聞こえたとき、おじいさんが莫さんにオンドルのへりに身を寄せているようにと言いました。恐怖で、莫さんは一晩中眠れませんでした。

翌日、莫さんが隣の3人の子供たちと一緒に西の方へ走って行き、山の下に

目をやると、北の方角から4台のトラックがこちらに向かって走ってくるのが見えました。車は鉄兜をかぶり、銃をかかえた日本兵を乗せ、平頂山に入ってきました。日本兵は平頂山を包囲しました。そして人々を西山のふもとに追いやりました。莫さんのお父さんは日本兵に銃床でめった打ちにされ、莫さん一家は家から追い出されて、人の群れに混じって西山のふもとの野原まで行きました。西山は険しい山で登ることはできません。北側は牛舎で西山まで鉄条網が張り巡らされ、東南両側では日本兵が見張っていました。1か所に集められ、逃げ場を失った人々は騒ぎ出し、抗議しました。

　日本兵は突然、機関銃に被せてあった黒い布をめくると、無防備の村民めがけて、一斉掃射を始めました。前列の人々は何が起こったのかも分からないうちに、一列一列と倒れて行きました。そして、莫さんのお父さんは「だめだ！」と言うと、莫さんの頭を押さえ、地面に伏せさせました。弾が伏せた頭の上をかすめ、目の前の地面に突っ込み、煙をはいていました。莫さんの前にいた労働者の尻に弾があたり、はいていたズボンから綿が飛び散っていました。彼は足をピンと突っ張ったまま動かなくなってしまいました。莫さんはまだ8歳でした。「あの人のように殺されたら、二度とお父さんやお母さんと会えなくなる！」莫さんはとても辛く、悲しくなりました。莫さんの祖母が大声で泣き出しました。見ると、太ももから血が吹き出していました。莫さんのお母さんは「日本兵はろくな死に方はしない！」と声をあげ、激しく罵りました。このとき、莫さんの妹も殺されました。莫さんのお母さんは、ただ妹が死んで行くのを見つめているだけで、助けるすべはありませんでした。

　銃声がいちだんと激しくなったとき、お父さんは自分の麦わら帽子を莫さんの顔に被せ、「心配するな。大丈夫だよ」と言いました。莫さんは胸がいっぱいになって、涙がとめどなく流れました。日本軍は家屋に火を放ち焼き払い、その炎は天を突いて燃え上がり、黒い煙が立ちこめていました。そして西山の麓の方では機銃掃射を行い、人の群れは次々に撃たれ倒れて行きました。野原に縦横に重なる死体、飛び散る血や肉、人を悲しみのどん底に陥れました。まだ8歳だった莫さんの脳裏に、生涯忘れることのできない光景が焼きつけられました。地獄のような光景でした。

　日本軍は掃射の後、生き残りがいるのをおそれて、もう一度銃剣で刺して回り、息のある者をみつけると、最後のとどめを刺しました。乳飲み子から年寄

りに至るまで容赦をしませんでした。日本軍は生存者がいないか、列を組んで進みながら確認して回りました。

　激しく叫ぶ声が、莫さんの耳から消えませんでした。莫さんの西南の方角にいた子供が身体を起こすと、「マーマ！　マーマ！」と泣きながら叫びました。とっさに日本兵が駆けつけ、子供を銃剣でグサッと串刺しにし持ち上げ、投げ捨てました。子供は激しく叫ぶと、日本軍の銃剣によって殺されてしまいました。日本軍はひとかけらの人の心もなく、4、5歳の幼児ですら容赦なく殺しました。

　列を組んだ日本兵がだんだん莫さんの方へ近づいてくる気配がしました。

　日本兵は莫さんの腰の骨を軍靴で蹴り、左肩をグサリと刺しました。莫さんは歯を食いしばり、じっと耐えていました。日本兵は莫さんが死んだと思って去って行きました。

　このようにして、何の罪もない村民が、銃や銃剣のもとに死んでいきました。

　再度生存者がいないか確認した後、日本兵はやっと去りました。誰かが「息のある者は速く逃げろ！」と叫びました。莫さんはだまされているのではと思い、動かずにじっとしていました。そして、2回目の声が聞こえたとき、顔に被せてあった麦わら帽子を上げ、周囲を見渡しました。周囲は静まりかえっていました。莫さんは起きあがるとすぐに、お父さんに早く逃げようと話しかけました。お父さんは目を見開いたまま、身動きひとつしませんでした。手を噛みましたが、痛いという反応もありませんでした。よく見ると、首に穴が1つ開いていて、血の泡が吹き出していました。お父さんはもうだめだと分かると、急に悲しくなって、莫さんは大声で泣きました。「父さん死んじゃだめだ！僕は1人でどうやって生きて行けばいいんだ！」と叫びました。「さっき私に麦わら帽子を被せてくれた父さん！　あんなに元気だった父さんが日本軍に刺し殺されてしまうなんていやだ！　頼むから起きて！」莫さんは泣き叫びました。どんなに引っ張っても、お父さんは起き上がろうとはしませんでした。お母さんも目を閉じたまま動きません。呼びかけても返事もしてくれませんでした。妹は顔中血だらけになって、お母さんの懐にしっかりと抱かれていました。莫さんはお母さんを引っ張ったり、押したりしました。そして「母さん目を開けて！　早く起きて逃げよう！　母さん僕をほおっておかないで！」と叫びました。でも起きてはくれませんでした。

「日本軍は自らの蛮行をしっかりと封じ込め、自ら行った罪業を覆い隠し、消してしまうために、死体にガソリンをかけ焼き払い、山を爆破して死体を山の下に埋め、全ての証拠を隠滅しました。これが平頂山における大虐殺事件です」。
　「私の家族、そして3000人余りの同胞に思いをはせない日はありません。血と涙の跡が残るこの歴史、動かぬ証拠が山ほどあるこの虐殺事件、私は被害者たちのために正義を申し立て、公正な道理ある判決を求めます。これは歴史が私に与えた使命です。この使命を果たすために、私は裁判を起こしました」。
　「あんなに天真爛漫な、美しい未来への生活を夢見る可愛い子どもたちが、残忍な日本軍に殺されました。これは計り知れない残虐な行為です」。

　莫さん自身もまた、天真爛漫な、未来への生活を夢見る可愛い子どもだったに違いありません。しかし莫さんは1932年9月16日から今日まで、恐ろしい光景が常に頭をよぎる苦しく悲しい70数年を過ごさなければならなかったのです。それはどんなに辛く長い時間だったことでしょうか。莫さんの立場なら誰もがその光景を忘れ去りたい、記憶から切り取ってしまいたいと思うのではないでしょうか。しかし、莫さんはこの歴史を証明し、家族を含む3000人の同胞のために、証言をしていくことを使命とし、果敢にその人生を生きぬいてきました。

　莫さんは最後にこのように陳述しました。
　「日中両国は何千年来、仲良く付き合ってきました。歴史上の不幸な一時期はすでに過ぎ去りました。『前の経験を忘れず、後の教訓とする』と言いますが、私たちは歴史を教訓とし、未来を展望してゆけば、両国人民は子々孫々に至るまで必ず仲良く付き合って行くことができるでしょう」。

### 劉連仁訴訟承継人　劉　煥新　さん
（リウ・ホアンシン）

　劉　煥　新さんは強制連行・強制労働事件被害者である劉連仁さんの子息で、訴訟承継人です。父、劉　連　仁さんは1944年、自宅前で突然拉致され、北海道の明治鉱業の鉱業所に連行されます。煥新さんが生まれる前のことでした。そして、父劉連仁さんが拉致された年に煥新さんは生まれます。劉連仁さんは

1947年、強制連行された北海道の炭坑から逃げ出し、その後戦争が終わってもそれを知ることなく13年間逃亡生活を続けました。父親の顔を知らずに育った14歳の少年劉煥新さんは1958年、地元の住民によって発見され、中国の故郷に戻ることができた父劉連仁さんとようやく対面したのです。1996年の提訴以来、公正と正義を求めて闘ってきた劉連仁さん。2001年7月12日の一審勝訴判決を知ることなく2000年9月2日、87歳で他界しました。

劉煥新さん
（遺影は劉連仁さん）

時の経過によって被告国の責任を免除することは、正義公平の理念に著しく反する——。

「正義を求めて裁判を起こした父にいちばん聞かせてあげたかった部分です」と劉煥新さんは述べています。

勝訴の知らせをいちばん知らせたかった父、劉連仁さんはもういません。

勝訴判決後は、控訴断念を求める要請行動を毎朝続けました。亡き父から受け継いだ勝訴への執念、同胞への想い、正義への信念を胸に。父の遺影とともに——。

「裁判を勝訴させてほしい。たとえ負けたとしてもこの裁判は子から孫へ、必ず引き継いでいって欲しい。この裁判を全世界の人たちに伝えて欲しい」。

父劉連仁さんが亡くなる寸前に劉煥新さんに言い残した言葉です。父への想いと父から受け継いだ想いが劉煥新さんを動かしています。そして正義の判決と全面解決を求める100万人署名活動を弁護団とともに国内外で展開。署名は99万2000筆に及んでいます（2003年7月現在）。

「絶対勝訴する」。そう堅く決意した劉煥新さんは、控訴審では、2003年5月をのぞいては毎回出廷しています。中国の山東省に住んでいる劉煥新さんが、東京の裁判所に足を運ぶことは容易なことではありません。毎回の意見陳述で劉煥新さんは亡き劉連仁さんの想いを高裁裁判官へと訴えています。

北海道の原野での厳しい逃亡生活は、人間の生活とはかけはなれた原人同様の生活でした。そんな危険を冒してまでもなぜ劉連仁さんは逃亡をはかったのでしょうか。危険を冒してまでも北海道の原野へと逃亡をはかった劉連仁さんがおかれていたのは、人間を人間として扱わない残酷な環境でした。

中国から強制連行された劉連仁さんら労働者は、休みなく１日２交代で働かされ、日本語が理解できないと殴られ、ノルマが達成できないと殴られるという日々を送っていました。人間らしい食事さえも満足に与えられず、常に飢えている状態でした。それだけでなく、お湯を飲むこともできず、トンネルに流れる汚い水を飲んでいました。多くの人が腸炎にかかっていました。身長に合わない１着だけの作業着を着たまま、風呂にも入れずにシラミがわいて、皆が皮膚病にかかりました。病気にかかっても、まともな治療もなかったのです。
　せめて、健康を保つために十分な食事をさせて欲しかった、健康で働けるような条件で扱ってもらいたかった、人間らしい衛生状態で暮らしたかった、と劉連仁さんは訴えました。
　「これは人間として最低限の要求だと思います」と父の訴えをふたたび裁判所で訴える劉煥新さん。
　「日本でも中国でも、裁判は正義のためにあることは変わらないと思います。その正義を求めて父は闘ってきました。しかし、その裁判で、国がどんな行為をしても責任を問われないという法律が認められて、そのために、強制連行と奴隷労働について誰も責任を負わないと言うのであれば、裁判は正義のためではなく、不正義のためにあることになってしまいます。私は、父の意志を受け継ぎ、強制連行と奴隷労働について、国の責任が認められるまで戦い続けていく決意です。そして、この法廷にいる裁判官の方々が、何が正義であるかを、私と、そして亡き父の前に示して下さることを信じています」。
　訴訟承継人となり裁判を闘い続けている劉さんの揺るぎない決意がこめられています。

## 731・南京虐殺等損害賠償請求訴訟原告（現控訴人）　高　熊飛　さん

　731・南京虐殺等損害賠償請求訴訟とは、731事件、南京大虐殺事件、無差別爆撃事件の３つの事件被害者を原告として1995年に提訴した訴訟です。1943年、中国の福建省永安市で起きた無差別爆撃の被害者、高　熊　飛（ガオ・シオンフェイ）さんは、当時４歳でした。
　1943年11月４日正午、日本軍機は永安市を爆撃し、まだ４歳だった高熊飛さんは母親、邵　鋳　華（シャオ・ジュホアア）さんと２人の妹と、布団をかぶり机の下に避難しました。家の外に突然燃焼弾と爆弾とが落下してきました。弾の欠片が高熊飛さんたちのほうに飛んで来ました。そして高熊飛さんの右腕はなくなりました。建物に

は7家族が住んでいましたが、2家族がその場で亡くなりました。高熊飛さんは少年時代、右半身は常に体に力が入らず、そのためよく躓き、顔は青あざで腫れていました。また飛行機の音が聞こえると条件反射的に気絶したりもしました。その後も障害のため、進学も就職も、日常生活においても困難は数え切れないほどでした。仕事においても、経済的にも巨大な損失を被りました。

片腕で生きてこなければならなかったのは誰のせいなのか、誰に償ってもらえばよいのか、高さんはずっとその答えを

高熊飛さん

出せずにいました。爆撃機の飛行士を特定できるわけでもありません。しかし、その飛行機はなぜ、何のために飛んで来たのでしょう。

第1回目の本人尋問。その最後の「裁判所にもっとも訴えたいことは何ですか？」との弁護士の問いにこのように答えています。

「日本政府に対して謝罪と賠償を求めます。私は多くの被害者のなかの1人にすぎません。人類の正義と平和のため、中日両国の人民の友好のため、私は裁判所が人道を重んじ平和を護り、正義に則り真理を追究し、人間の尊厳を重んじる立場から理にかなった公正な判決を下されることを希望します」。

帰国した高熊飛さんを待ち受けていた中国の記者の質問に対しても、このように述べています。「その国の民を愚かにしたければ、まずその青年を愚かにせよ、といいます。長年来、日本政府は自国の歴史上の罪について、一貫して人々を騙してきました。日本のある一定の青年は、連合軍による東京大空襲（無差別ではない）のみを知っており、日本軍がまず中国に対し、長期的で野蛮かつ残酷な空爆や大虐殺を行ったこと、それにより私の体のような被害者が存在し、強烈な反感がそこに生まれるということを知りません。歴史上の罪をかくそうとする者は、容易に同じ罪を犯します。私のこの度の提訴はくしくも日中平和友好条約締結20周年の佳節にあたります。日本の正義の人士、平和を愛する国民とともに、公正と正義の基礎の上に、世紀をこえて平和・友好関係を

築いていくため、引き続き微力を尽くしたいと思います」。
「私はこの賠償請求活動と裁判所での証言をしていくことで、日本軍の暴行を曝け出し、真実を知らない日本国民に対し私たちと共に闘うことを働きかけていきたいです」。
しかし1999年9月22日、高熊飛さんらが原告となっているこの731・南京虐殺等損害賠償請求訴訟の一審判決は下され、被害事実は認められましたが国の責任は認められず、原告の請求は棄却されました。
そして2002年9月12日、控訴審第1回期日。高熊飛さんはふたたび証言台に立ちました。裁判官と日本の人々に届けとばかりに響き渡る高さんの声。その一言一言が胸に突き刺さります。
「現在日本の戦後補償案件では、日本の裁判所は多く『国家無答責』の法理を用いて判決を下しています。被害者の被害事実を認めながら、この『国家無答責』を用いて加害国の責任を認めていません。賢明な裁判官はこのような判決が文明社会で通用しないことを分かっているはずです。このような判決は、世界の平和を愛する人々を前に、日本の社会は後進的社会だと表明しているようなものです」。
「中国に勝手に侵入してきて、中国国民に多大な被害を与えておきながら、『国家無答責』などがどうしたら適用できるのでしょうか」。
「『国家無答責』の法理を判決のよりどころとし続けるのであれば、それは侵略を肯定する理論を主張することに等しいことになります。戦前の、日本の軍国主義時代の国内法を用いて世界各国で公認されている国際法を否定している。このことは戦争責任からの逃避であり、侵略戦争を起こした罪を否定することになるのです。日本人の心はどこに行ってしまったのか？ アジアと世界の人々が疑いの眼で日本人を見つめざるを得なくなっています」。
「中国の諺にこうあります。『恨みには原因があり、借りには（貸した）主がいる』。被害事実があるのは加害者の加害行為が存在したからです」。
傍聴席の誰もが圧倒されるほど声をいちだんと張り上げ、高熊飛さんは訴えました。
「現在、世界は平和と発展に向かい動いています。地球はひとつだけで、世界各国の各民族はみな共存を願っています。みな等しく生存する権利を有しています。それを叶えるただ一つの方法は『平和的に共存し、互いに信頼し合い、

平等を尊重し、共に発展していく』ことです」。

「武力行使をするような人たちは、世界市民の仲間にはなれません。日本人はこの問題を考えるべきです。何をすべきで、何をすべきではないのかを考えるべきです」。

無差別爆撃で右腕を失った高熊飛さんの力強い声。高さんの想い。それは戦争を二度と起さないで欲しいという平和への願いです。

### おわりに

「人間の名誉にかけて、私たちはこの裁判を闘わなければならないのです」。

2003年7月25日に行われた全国の強制連行訴訟を支える人たち、また弁護士が集った会の席上、ある支援者の方がこう話されました。

「人間の名誉にかけて」──それは、戦争被害者と戦後補償裁判を闘うすべての人たちに共通する想いです。

---

**【参考文献】**
中国人強制連行・劉連仁裁判勝利実行委員会『強制連行・労働事件　劉連仁高裁訴訟の全面勝利に向けて―劉連仁さんのあゆみと裁判のあらまし―』（2002年）

## 第3章

中国人「慰安婦」第2次訴訟一審判決（事実認定するも賠償認めず）

# 戦後補償裁判の概要と補償立法の動向

馬奈木厳太郎

## はじめに

　これまで、いわゆる戦後補償裁判と呼ばれるものは、約70件が裁判所に提起されてきました（巻末資料参照）。中国関係のものに限定しても、その数は20件以上にのぼります。裁判の請求内容も、謝罪や損害賠償から、謝罪広告や名誉回復に至るまで、ヴァリエーションがあります。直接の請求内容ではありませんが、裁判所の判決において、被害者の被害事実を認定させることも、裁判の重要な目的の1つです。また、被害の態様にしても、強制連行・強制労働や、「従軍慰安婦」、虐殺、人体実験、遺棄毒ガス・砲弾、無差別爆撃など、多種多様といえます。

　一連の裁判では、この間、強制連行第1次訴訟（劉連仁訴訟）一審判決や、韓国人「慰安婦」・女子挺身隊訴訟（関釜訴訟）一審判決などのように原告（被害者）が勝訴判決を得るものもありましたが、多くの事件では、国や企業に法的責任は認められないなどとして原告が敗訴してきました。ただし、結論として敗訴した事件においても、判決内容のなかには貴重な成果として評価されるべきものも少なくありません。

　本章では、こうした戦後補償裁判のなかでも、とくに中国人元「慰安婦」訴訟と、平頂山事件訴訟、強制連行・強制労働福岡訴訟の3つの裁判をとりあげて、その概要を紹介したいと思います。あわせて、補償立法の動向についても紹介します。

## 中国人元「慰安婦」訴訟

**背景事情**

　1931年、日本は、いわゆる「満州事変」を起こし、15年戦争が始まりました。侵略を開始した日本軍（関東軍）は、1932年には満州の主要部を占領し、「満州国」を宣言させました。その後、1937年には、「盧溝橋事件」をきっかけに中国軍と交戦状態に入りました。本件の舞台となった山西省を含む「北支」においても戦線が拡大し、日本軍は「北支」をほぼ占領下におきました。日本軍は、この地域が石炭供給地として重要だったことから、「日満支三国カ相互ニ善隣トシテ結合シ東洋平和ノ枢軸タルコト」としていました。

　しかし、これに対しては八路軍を中心とする中国側の反撃もあり、とくに華北地域の河北省や山西省では攻撃が激しく行われました。日本軍（北支那方面

軍）は、華北の抗日根拠地を破壊するため、1941年から数回にわたり掃討作戦を実施しました。これらの作戦では、住民の虐殺や村落の焼き討ちなどが多発し、焼き尽くし、殺し尽くし、奪い尽くすという「三光作戦」として国際的な非難を浴びました。本件の原告らが受けた拉致・監禁・強姦といった被害も、こうした経緯のなかで発生しました。

慰安所は、中国では1932年までに上海で設置されたのを始め、1938年頃までには、戦火の拡大に応じてその数も増えていきました。アジア・太平洋戦争が始まると、日本軍が占領した東南アジアや西太平洋にまで次々と慰安所は設置されました。

慰安所設置の目的は、いくつかあるとされていますが、治安維持や性病予防、兵士の士気高揚などがしばしば指摘されています。治安維持の目的とは、占領地において日本軍が中国女性を強姦することが頻発したために、中国人の悪感情が高まり、これへの対応策として軍慰安所が設置されたというものです。しかし、実際にはこれによって強姦が減ることはなかったとされています。むしろ、慰安所の設置によって、女性に対する性暴力が公認されたことに注意が向けられるべきでしょう。本質的には、軍慰安婦制度というものは、女性に対する性暴力公認のシステムであったと考えられます。軍慰安婦制度が、強姦を防止する本質的解決に結びつくものではなかったという指摘は重要です（吉見義明『従軍慰安婦』岩波書店）。

## 原告の想い

本件の原告は、いずれも山西省出身の女性で、占領地で「慰安婦」を「現地調達」するという日本軍の方針の下、日本軍によって暴力的に拉致され、数か月にわたり監禁され、強姦された被害者です。当時、多くの原告は、まだ13歳から20歳くらいの年齢でした。原告の１人、李秀梅さんは、連行されたときの様子を、次のように語っています。

「日本兵はオンドルの所に来て私を引

李秀梅さん

第3章　戦後補償裁判の概要と補償立法の動向

侯巧蓮さん

っ張りました。私を引っ張り返そうとした母は顔を殴られました。母も纏足しており、足は私よりももっと小さいのです。たちまち倒れてしまいました。私も母も泣きました。すると私は口にハンカチのようなものを詰め込まれました。私は外まで引っ張られました。私はロバにまたがらされて連れて行かれました。母が私を呼ぶ声が聞こえていました。日本兵2人がロバの右側に、2人が左側につき、逃げ出せないようにして連れて行かれました。手は両手をあわせて、手首をひもで縛られました。足の方は縛られませんでした。口にはハンカチのようなものを詰め込まれたままで、声をあげて泣くこともできませんでした」。

また、原告の侯 巧蓮(ホウ・チャオリエン)さんは、初めて強姦されたときの様子を語っています。

周喜香さん

「日本兵が武器などをはずし、服を脱ぐような音が聞こえました。その裸の男が、近づいてきて私の服を掴んで脱げというように服を揺すりました。私は、まだ初潮も始まっておらず、性体験もなく、恐ろしくてたまらず、じっとしていると、その男は私の服を無理やり脱がせました。裸の男が近づいてきたことで、私にも何が始まるか怖くてたまりませんでした。男は私を布団の上に押し倒しました。その男の髭が私の頬に触り、

未来創造としての「戦後補償」——「過去の清算」を越えて

すね毛も触れ、ぞっとしました。抵抗しようにもどうしようもなく、強姦され、下半身からひどく出血しました」。

　解放された後にも、被害を受けた人たちにはPTSD（外傷後ストレス障害）が残りました。原告の周　喜　香さんは語っています。
　「逮捕、拷問、監禁、強姦という一連の事件があった後、私は物事に感動できない、何事にも関心が持てない、集中できない状態になりました。そして、ぐっすり眠れることがない、とくに、事件のことを思い出すと一晩中眠れない状態になりました。頭痛が絶えず、頭が引っ張られるような感じがします。できるだけ事件のことは思い出さないようにしていますが、思い出してしまいます。そして、ちょっとしたことでも、怖くて冷や汗が出たり、ふとした折に衣服のボタンをはめるといういつもしていることができなくなります」。

　原告の人たちは、抑えきれない想いをもってこの裁判にのぞんでいます。そのなかから、郭　喜　翠さんの証言を紹介します。
　「私が、日本軍によって被害を受けたことを公表するということは、自分の名誉を傷つけるのではないかとか、歳も取っているんだから諦めたほうがいいという人もあります。しかし、私の気持ちとしては、自分自身で思いっきり呼吸ができるようになるために、裁判をしたいと思って決意しました。裁判を始めて、これまで長い間ため込んでいた苦しいことを話し始めました。話をする前はとても苦しく、話をした後も色々思い出して苦しくなるけれども、話すと気持ちが楽になるということもある。私が長い間抱え込んできた自分に対する莫大な罪悪感、自分に価値がないという気持ち、自分の

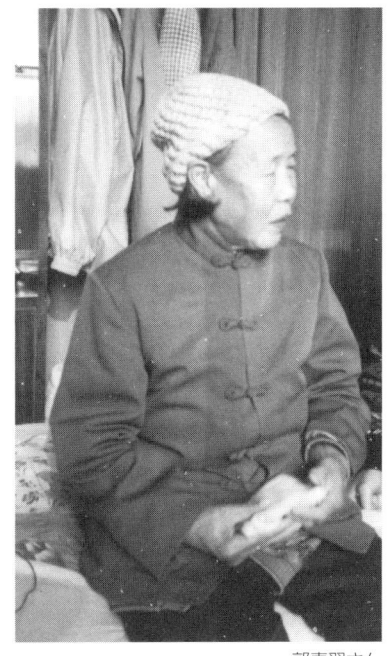

郭喜翠さん

第3章　戦後補償裁判の概要と補償立法の動向

重荷を心の中に埋めてきたが、それを口に出せて良かったと思っています。……私は、この裁判で、日本軍の方が加害者で悪いのだとはっきりさせて謝罪して欲しいと思っています。私は、長い間、自分が汚された身だと思って自分を責めてきましたが、それはおかしいと思い至りました。日本軍と現在の日本政府は自分のやったことを認めなくてはいけないと思います。日本軍の行った罪を、あたかも私が自分の罪のように代わりに背負うのはおかしいではないかと思います。日本政府が自分のやったことを認めて謝罪しないと、私の心がおさまりません」。

## 裁判の特徴

　山西省の「慰安婦」の人たちが起こした訴訟は、第１次訴訟（1995年８月７日提訴）と第２次訴訟（1996年２月23日提訴）とがあります。原告は、第１次訴訟・第２次訴訟あわせて10名です。原告は、被告・国に対して、賠償と謝罪広告を請求しました。

　原告の請求は、①ハーグ陸戦条約や強制労働条約、婦女売買禁止条約などの国際法、②中国民法、③日本法、④立法不作為を根拠にしています。被告・国は、この請求に対して、いずれも理由がないと主張しました。また、国は、法廷では事実の認否を留保するという姿勢をとりました。これは、被害事実の存在を肯定も否定もしないということです。しかし、こうした態度は、原告の主張する事実を確定し、それに法律をあてはめて結論を導くという通常の裁判の姿からはほど遠いものです。また、こうした姿勢は、事実を認め謝罪して欲しいという想いからようやく提訴を決意した被害者の尊厳を戦後に再び傷つけるものでした。

　判決は、2001年５月30日（第１次訴訟）と2002年３月29日（第２次訴訟）にそれぞれ言い渡されました。どちらの判決も、原告の請求を棄却しました。請求棄却の理由づけも、ほとんど同様のものでした。また、第１次訴訟判決は、原告の被害に対する事実認定さえも行うことなく、法的争点の処理だけで判決を下しました。裁判所の判断が示されたのは、判決全体のうちのわずかに15頁程度でした。原告の被った被害の重大さと深刻さを考えたとき、事実認定すら行わない裁判所の姿勢は、極めて冷たいものだといえます。以下では、上記の請求根拠①〜④に即して、裁判所の判断を紹介したいと思います。

①について、裁判所は、ヘーグ陸戦条約に基づく原告の請求に対して、「条約その他の国際法は、元来、国家と国家との間の権利義務を定めたものであり、条約についていえば、その締約国が他の締約国に対し条約が定めた権利を有し義務を負うものである。……したがって、条約が個人の権利利益保護のための規定を設けているからといって、条約上当然に個人が締約国に対する請求権を有するわけではない」、「ヘーグ陸戦条約3条は、その用語、趣旨・目的及び条約作成後の国家実行例からみて、個人の損害賠償請求権を認めたものと解釈することはできず、解釈の補足的手段である条約の作成過程を考慮しても同様である。したがって、原告らのヘーグ陸戦条約3条に基づく請求は、理由がない」として棄却しました（第2次訴訟判決）。また、その他の強制労働条約や婦女売買禁止条約などについても、「いずれも個人の国家に対する損害倍請求権を認めたものではないから、これらの条約等に基づく原告らの請求は、理由がない」と退けました（第2次訴訟判決）。

　②については、「国の公権力の行使を原因とする損害賠償請求責任の問題は、我が国の公権力の行使の適否が重要な争点の1つになるが、公権力の行使はそれぞれその根拠となる我が国の法律に基づいて行われるべきものであるのに、その適否が他の国の法律で判断されるのは、相当でない」として、原告の請求を棄却しました（第2次訴訟判決）。

　③については、裁判所は、「国家賠償法施行前においては、国は、違法な公権力の行使によって他人に損害を与えたとしても、損害賠償責任の根拠となる法律が存在していなかったから、損害賠償責任を負わないものと解される（いわゆる国家無答責の法理）」（第2次訴訟判決）、「大日本帝国憲法下の我が国においては、権力的作用に対する賠償責任を認めるための特別の根拠規定がなく、民法の適用もなされなかったという実体法上の理由に基づくものであるから、当該行為が権力的作用である以上は、被害者が日本人であると外国人であるとを問わず、行為地が日本国内であると国外であるとを問わず、また、その違法性の程度を問わず、損害賠償請求をなしえなかったというべきであるから、原告らの前記主張も採用することができない」（第1次訴訟判決）として、国家無答責の法理を根拠に原告の請求を棄却しました。

　④については、「憲法前文は、憲法の基本原理を宣言するものであって、同前文自体から戦争被害に対する賠償についての一義的な立法義務が生じている

とは解されない。憲法9条は、国の戦争放棄、軍備及び交戦権の否認等を規定しているが、同条の理念である平和主義及び国際協調主義から、直ちに、国会が原告のような戦争被害を受けた者に対する賠償や補償をすべき義務を負うものとすることはできない」として、立法不作為に対する原告の請求を退けました。

「慰安婦」訴訟一審判決においては、原告の人たちの主張は何ひとつとして認められませんでした。現在、第1次訴訟・第2次訴訟とも、原告は判決を不服として控訴しています。

## 平頂山事件訴訟

### 背景事情

1931年、いわゆる「満州事変」をきっかけに、日本軍は中国東北地方への侵攻を開始し、1932年には東北地方の主要部を占領しました。日本は、清朝最後の皇帝だった愛新覚羅溥儀を首班として、1932年3月に建国宣言をした「満州国」と日満議定書を締結し、「満州国」を国家として承認しました。日本軍の侵攻に伴い、中国各地でこれに抵抗するための武装組織が結成されましたが、中国東北地方の遼寧省においても、「満州国」の建国直後に結成された遼寧民衆自衛軍を始めとするいくつかの抗日武装組織が結成され、活発な抗日活動を行っていました。

1905年に日本が獲得した遼寧省の撫順炭鉱は、1906年に設立された南満州鉄道の管理下におかれ、中国随一の採炭量を誇っていました。遼寧民衆自衛軍は、日満議定書が調印された翌日である1932年9月16日未明、撫順市の南方にある平頂山村を通過して撫順炭鉱を襲撃し、関東軍独立守備隊第二大隊第二中隊などで構成される日本側の守備隊と交戦しました。守備隊は、自衛軍を撃退しましたが、死傷者を出したほか、採炭施設が破壊されたために採炭作業を15日間停止せざるを得ない状況でした。

この襲撃事件の直後、守備隊は、中国側自衛軍の進軍経路上にあった平頂山村の村民が自衛軍と通じていたとして、同村の住民を掃討することを決定し、独立守備隊第二大隊第二中隊などの部隊が平頂山村に侵入しました。日本兵らは、住民のほぼ全員を同村南西部の崖下に集めて包囲し、周囲から機関銃などで一斉に銃撃して殺傷した後、生存者を銃剣で刺殺するなどして殺害し、村の

住家に放火して焼き払いました。翌日、日本軍兵士や炭鉱関係者らは、殺害された住民の遺体を崖下に集めて焼却したうえ、崖を爆破して遺体を埋め、その周囲に鉄条網を張るなどして立ち入ることができないようにしました。

　この事件による死者の数は、日本軍によると700人～800人、中国側の発表によると3000人以上といわれています。また生存者は、30人～40人くらいとされています。

原告の想い

　この裁判では、原告は3人です。いずれも平頂山事件の生存者で、事件によって家族を殺害され自らも傷を負ったとして、日本政府に賠償を求めています。

　原告の1人、楊　宝　山（ヤン・バオシャン）さんは、日本軍が一斉掃射を始めた瞬間のことを、次のように証言しています。

「機銃掃射が始まった瞬間、父は弟を引っ張って、後ろの崖の方に逃げようとしました。母は私の頭を押さえ地面に伏せさせました。私は母の胸の下に抱きかかえられるようなかたちで、北側の方に頭を向けて、母と重なり合って倒れました。周囲では、泣き声、叫び声、そして銃声が充満していました。しばらくすると、鳴き声や叫び声は消え、銃声だけがしていました。私は、母の安否を確認するため、母の下になりながら、繰り返し『お母さん！』と呼びかけ続け、母もこれに『うん、うん』と応えていました。最初の機銃掃射は、私たち家族のいたところより、若干頭上に向けられて撃たれていたためか、私と母は何とか難を逃れていました。どれくらいの時間が経ったのか、しばらくすると、いったん機銃掃射が中断されましたが、私は恐怖でどうすることもできず、ずっと固く目を閉じていました。すると、南側の土手の方から、誰かが中国語で『まだ生きている人、早く逃げろ！　もう日本兵はいない！』と叫ぶ声が聞こえました。私たち一家は、集まった住民の中で最も日本兵に近いところにいましたが、トラックの音も聞こえず、日本兵が撤退した気配はなかったので、そのまま動かずにじっとしていました。このとき私は、私に覆い被さっている母に『動かないで！　トラックの音が聞こえないから、まだ日本兵はいるよ』と言いました。すると母も『そうだね。動かないで』と、私に応えていました。やがて、倒れ伏している住民の中から、立ち上がって逃げようとしている者がいるらしい気配がしました。ところが、ここでまた機銃掃射が始まりました。

今度の機銃掃射は銃口の角度を変えたのか、倒れ伏している私たちに対しても、万遍なく銃弾を浴びせかけてきました。

母は私を庇うように抱きかかえて横たわっていましたが、今度は何度私が『お母さん！　お母さん！』と呼びかけても全く返事をせず、滴り落ちてくる母の血が、私の顔を濡らす感触だけが伝わってきました。そのうち、右脇腹に急にしびれを感じ、続いて脇腹から熱いものが流れ出してくる感触があったことから、私にも銃弾が命中したとわかりました。私は、あまりの恐怖で叫ぶことも動くこともできず、じっと固く目を閉じ続けていました」。

**裁判の特徴**

平頂山事件訴訟は、1996年8月14日、東京地裁に提訴されました。原告3人は、被告・国に対して、旧日本軍兵士による加害行為によって被った被害に対する慰謝料を請求しました。

原告の請求は、①ヘーグ陸戦条約など国際法に基づく請求、②中国民法に基づく請求、③日本民法に基づく請求、④立法不作為に基づく請求です。被告は、これらのいずれの主張も理由がないとして争いました。また、本件においても、国は事実認否を留保する姿勢を貫きました。

判決は、2002年6月28日に言い渡されました。「原告らの請求をいずれも棄却する」という判決でした。判決は、事実認定において、先に述べたような背景事情を認め、また原告本人の被害事実を認定しました。日本の裁判所として、平頂山における旧日本軍による住民虐殺の事実を認めたわけです。これは、1つの重要な意味をもつ認定でした。

しかし、判決は事実を認めながらも、国の法的責任については認めませんでした。以下、請求根拠の①～④に即して紹介します。

①については、判決は、「慰安婦」訴訟判決と全く同様に、「ヘーグ陸戦条約3条は、その用語、趣旨・目的及び条約作成後の国家実行例からみて、個人の損害賠償請求権を認めたものと解釈することはできず、解釈の補足的手段である条約の作成過程を考慮しても同様である。したがって、原告らのヘーグ陸戦条約3条に基づく請求は、理由がない」としました。

②についても、「慰安婦」訴訟判決と全く同じ文言で、「国の公権力の行使を原因とする損害賠償請求責任の問題は、我が国の公権力の行使の適否が重要な

争点の1つになるが、公権力の行使はそれぞれその根拠となる我が国の法律に基づいて行われるべきものであるのに、その適否が他の国の法律で判断されるのは、相当でない」として、原告の請求を棄却しました。

③については、これまた「慰安婦」訴訟と同様の文言で、「国家賠償法施行前においては、国は、違法な公権力の行使によって他人に損害を与えたとしても、損害賠償責任の根拠となる法律が存在していなかったから、損害賠償責任を負わないものと解される（いわゆる国家無答責の法理）」としたうえで、「本件加害行為は、旧日本軍の中国における戦争行為・作戦活動に付随する行為であり、この行為は我が国の公権力の行使にあたる事実上の行為であるから、被告は、当時のいわゆる国家無答責の法理により損害賠償責任を負わないものと解するほかない」としました。

④についても、「憲法17条は、……国の賠償責任の内容を法律に委ねているところであり、その内容が憲法上一義的に定まっているとはいえず、また、憲法施行前の公務員の不法行為について特定の内容の立法をすべきことを一義的に定めているともいえない。……したがって、原告らの主張の立法不作為を違法と評価することはできないから、立法不作為を原因とする国家賠償請求は、理由がない」としました。

原告は、この判決を不服として、東京高裁に控訴しました。現在、控訴審である東京高裁で、審理が続いています。

## 強制連行・強制労働福岡訴訟

### 背景事情

日中戦争が長期化し、太平洋戦争が開始され、戦争が拡大していくなか、戦争遂行に必要な石炭などのエネルギー資源の確保が日本の至上命題となりました。1938年、国家総動員法が公布され、日本政府は、議会の承認なしに、経済と国民生活の全体にわたって統制する権限を得ました。1939年には、国家総動員法に基づき国民徴用令が公布され、一般国民が軍需産業に動員されるようになり、さらに同年、朝鮮から日本内地に労務動員するなど、朝鮮人労働者の確保も図られるようになりました。

太平洋戦争開始後、日本国内の労働力は戦争の拡大とともに枯渇し、とくに重筋労働部門における労働力不足が著しくなりました。こうした状況を受け、

土木工業協会は、日本政府に対し、中国人労働者の使用を要請しました。また、石炭工業連合会と金属工業連合会も、日本政府に対して、「鉱山労務根本対策意見書」を提出し、「支那苦力移入積極促進」を訴えました。

　以上のような経緯をふまえ、日本政府は、1942年11月27日、「華人労務者内地移入ニ関スル件」と題する閣議決定を行い、中国人労働者を日本国内に移入して重筋労働部門における労働力不足を補うという政策を採用し、さしあたり試験的に中国人労働者の移入を行い、その結果をみて本格的実施に移すことにしました。日本政府は、1942年の閣議決定に基づき、1943年4月から半年の間に、中国人労働者1411人を国内に移入しました。そして、その結果が良好であったとして、1944年2月28日の「華人労務者内地移入ノ促進ニ関スル件」と題する次官会議決定において、中国人労働者を毎年度国民動員計画に計上し、計画的な移入を図ることにしました。

　1944年の次官会議決定に基づき、日本政府は、「華人労務者内地移入手続」において中国人移入の具体的な実施細目を定め、さらに1944年8月には、「昭和19年度国民動員実施計画策定ニ関スル件」との閣議決定において、昭和19年度国民動員計画において3万人の中国人労働者の供給を計上して、中国人労働者の本格的な移入を促進することにしました。この結果、1944年3月から1945年5月までの間に、37524人の中国人が日本内地に移入されました。

## 原告の想い

　本件の原告は、上述した1942年の閣議決定により、1943年〜1944年頃に、被告らによって日本に強制的に連行されたうえ、被告会社（三井鉱山株式会社）が経営する三池鉱業所と田川鉱業所（いずれも福岡県）などにおいて過酷な労働を強制された人たちです。

　原告の1人、張宝恒（チャン・バオハン）さんは、鉱業所での状況や帰国後の様子について、次のように証言しています。

　「作業場は粉塵立ちこめる真っ暗な地底で、2年間、正月も祭日も1日の休みもなく、1日8時間（のちに10時間、12時間と長くなった）石炭を掘る労働に従事しました。食事は、1日3食でしたが、毎食約50グラムのトウモロコシ饅頭が2つしか支給されず、就寝場所は、敷布団もない板張りに掛布団1枚で、1つの建物に100人以上が詰め込まれ、宿舎の周りは木製の塀で囲まれ、出入

口には銃を持った日本の警察が監視していました。……帰国後も、周囲の人から私が敵国である日本に出稼ぎに行ったと非難されたり、文化大革命の時は反省文も書かされたりしてつらい思いをしてきました」。

裁判の特徴
　強制連行・強制労働福岡訴訟は、2000年5月16日に福岡地裁に提訴されました。強制連行・強制労働の裁判としては、福岡訴訟以前にも、劉連仁訴訟や長野訴訟など先行する訴訟があります。原告15人は、被告である国と三井鉱山を相手取って、強制連行と強制労働による慰謝料の支払いと謝罪広告の掲載を請求しました。請求の根拠は、①強制連行・強制労働に対する共同不法行為、②強制連行・強制労働における使用従属関係に基づく保護義務違反、③給付を行わず、慰謝の措置を取らなかったことによる保護義務違反、④権利行使妨害の不法行為、⑤刑事制裁義務の懈怠に基づく不法行為です。これに対して、被告らは、共同不法行為の成立と保護義務違反のいずれも争い、とくに①について、被告らは民法724条後段の適用（時効・除斥については後ほどより詳しく紹介します）による損害賠償請求権の消滅を主張し、あわせて被告・国は、いわゆる国家無答責の法理による損害賠償責任の不存在を主張し、被告会社は、民法724条前段に基づく時効の援用による損害賠償責任の消滅を主張しました。

　判決の言い渡しは、2002年4月26日に行われました。判決は、まず原告らが連行された事実などを個別に認定し、あわせて上記で述べたような背景事情を認定しました。次いで、法的責任については、被告・国の責任こそ認めませんでしたが、企業の責任は認め、原告らに対して1人1100万円を支払うよう命じました。以下では、請求根拠のうちでももっとも焦点となった①について、裁判所の判断を紹介したいと思います。なお、②〜⑤の請求については棄却されました。

　①について、裁判所は、総論的な判断として、「日本政府は、石炭連合会を含む日本の産業界からの強い要請を受け、重筋労働部門の労働力不足に対応するため、これらの産業界と協議して、昭和17年閣議決定により、国策として中国人労働者の日本国内への移入を決定し、これを実行したこと、中国人労働者を日本国内に移入するに当たっては、……実態は、前記のとおり、欺罔又は脅迫により、原告らを含む中国人労働者の意思に反して強制的に連行したもので

あったことが認められる」、「日本国内での就労状況についても、雇用契約の存在を前提とする状況があったことをうかがわせる事情があるものの、その実態は、原告ら中国人労働者の意思にかかわらず、当該事業主との間に一方的に労使関係を生じさせるものであったこと、被告会社における原告らの本件強制労働の実態は、戦時下において日本全体が食糧不足に陥り、一般の日本人の労働条件も悪化していた事情にあったことを考慮しても、住居及び食糧事情、被告会社の従業員による暴力等の点に照らして、劣悪かつ過酷なものであったといわざるを得ない」としました。

続けて、被告会社の責任について、「本件強制連行及び強制労働は、被告らが共同して計画しかつ実行したものであり、被告会社は、原告らに対して民法709条及び715条の不法行為責任を負うというべきである」と認定しました。そして、被告会社が除斥・時効の主張をしていたことに対して、「被告会社の行為は、戦時下における労働力不足を補うために、被告国と共同して、詐言、脅迫及び暴力を用いて本件強制連行を行い、過酷な待遇の下で本件強制労働を実施したものであって、その態様は非常に悪質である」とし、「さらに、被告会社は、原告らにその労働の対価を支払うこともなく、十分な食事も与えなかったにもかかわらず、これを行ったことを前提に、本件強制労働の実施による損失補償として、被告国から774万5206円を受け取っており、これは現在の貨幣価値に換算すると数十億円にも相当する……。このように、被告会社は、本件強制連行及び強制労働により、戦時中に多くの利益を得たと考えられる上、戦後においても利益を得ている」としたうえで、「以上のことを前提に、前期本件強制連行および強制労働の事情を考慮すると、民法724条後段を適用してその責任を免れさせることは、正義、衡平の理念に著しく反するといわざるを得ず、その適用を制限するのが相当である」と判決しました。

他方、国に対しては、「被告国による原告らに対する本件強制連行及び強制労働の事実が認められるとはいえ、そのことから直ちに、当時の法体系の下において、被告国に、民法709条、715条及び719条に基づく不法行為責任が発生すると解することはできない」としたうえで、国家賠償法施行以前の国の行為のうち、「権力的作用については、これにより個人の損害が発生したとしても、民法の適用はなく、国の賠償責任を認めた法律もなかったことから、その賠償について、国の賠償責任を認めることができないとされていた」とし、「被告

国は、……原告らを強制連行し、強制労働させたものであって、原告らの連行、管理及び取締り等において、深くかかわっていたものであるが、これは、権力をもって特定人に対して、一方的に公法上の勤務義務を命じる行政処分と解される国民徴用令による強制連行と、運用の実態において同様に解されるべきものであるから、原告らに対する本件強制連行及び強制労働は、被告国の権力作用によるものというべきである」との認定にたって、「被告国の本件強制連行及び強制労働が、日本国の軍隊による戦争行為という権力的作用に付随するものとして、国の権力的作用に該当すると考えられることに照らせば、本件においては、被告国が、当時の民法の規定に基づいて、不法行為に基づく損害賠償責任を負担することはないと解される」と結論づけました。

①においては、まず中国人労働者に対する強制連行と強制労働が「国策」として実行されたことを認定し、被告らの共同不法行為を認めた点が重要です。とくに、被告会社に対して、民法724条後段の適用を制限したことは、画期的判決でした。しかし、被告・国の責任については、国家無答責の法理によってその損害賠償責任の存在を否定してしまいました。国家無答責の法理については、あらためて次節で検討したいと思います。現在、福岡訴訟は、福岡高裁において審理が続いています。

#### 裁判の争点

一連の戦後補償裁判では、ハーグ陸戦条約3条など国際法上の個人の権利主体性や時効・除斥、日中平和友好条約において賠償請求権を放棄した主体など多くの論点が問題となっています。ここでは、そのなかでも戦後補償裁判においてとくに固有な論点である国家無答責の法理について、少し詳しく紹介したいと思います。

### 国家無答責の法理

国家無答責の法理とは、明治憲法の下で、国の行為のうちで権力的作用の部分については、それによって損害が生じても国は責任を負わないとされていた法理です。この考え方の源流は、絶対主義時代にまで遡ります。当時は、国王の権限は神からの授かりものであるという「王権神授説」に基づいて、「王は悪をなさず」（King do no wrong）という原則が正当化されていました。神は王

に誤りを犯す権限を授けていないという考え方が、その背景にはありました。

　近代以降になっても、この考え方は形を変えて継承されました。近代国家になり、国民主権という概念が登場してくると、国家無答責の法理は、「国民主権の下では、支配する者と支配される者とは同じ関係にある」（治者と被治者の自同性）といった説明によって正当化されるようになりました。

　しかし、実際には、政府などが違法な行為をし、国民に対して損害を与えることはしばしば起ることです。現実が、この法理がいかに矛盾したものであるかを物語っています。そうして、日本でも、現在の憲法が制定されるに至って、憲法17条で国家責任が規定されることになり、この規定を受けて、国家賠償法が制定されました。国家無答責という考え方は、戦後の憲法の制定とともに葬られたのです。

　ところが、現在になっても、国は、戦後補償裁判において、国家賠償法施行前の国の権力的作用にかかわる行為については国家無答責の法理が妥当すると主張しています。当時の行為については、当時の法体系の下で判断すべきだというのが、国の言い分です。これに対して、原告は、次のような反論をしています。

　⑴　［原則的な批判として］明治憲法下においても国家無答責の法理は確固として確立していた法理ではなく、絶対的なものではない。

　⑵　［国家無答責の法理が一般論としては認められるとしても］この法理が妥当するのは、治者と被治者の自同性という原則からしても、日本国の主権の及ぶ範囲に限定されるべきである（したがって、中国のような外国で中国人という外国人が被害者のような事案には適用されない）。

　⑶　［国家無答責の法理が一般論としては認められるとしても］この法理が認められるためには、法律の授権が必要であり、授権なしの事実上の行為には適用されない。

　⑷　［国家無答責の法理が一般論としては認められるとしても］この法理が認められるためには、保護されるべき公務の存在が必要であり、それがない場合には適用されない（幼い子どもを虐殺したりする行為には保護すべき公務性はみいだせない）。

　この間、裁判所は、戦後補償裁判において、国家無答責の法理の排斥を一度

も認めてきませんでした。国家無答責の法理は、「絶対の壁」とされてきたのです。

しかし、2003年に入ってから、国家無答責の法理を排斥する判決がでるようになってきました。2003年1月15日に判決が下された京都・大江山ニッケル鉱山強制連行訴訟（京都地裁）と、3月11日に判決がでた強制連行第2次訴訟（東京地裁）です。

前者の京都訴訟では、国家無答責の法理の存在は一応認めながらも、上記の⑷の点について突っ込んだ判断をしました。すなわち、国家無答責の法理というものは、公務を保護するためのものであるので、その行為が公務のための権力作用に該当しない場合には、国の行為であっても民法上の不法行為責任が成立するとしました。そのうえで、京都訴訟の強制連行の場合には、国の閣議決定があっても、それは私経済政策である労働政策の1つとしての移入政策であって、これは本来的には非権力的作用であり、その実施にあたって国が権力作用を行使して強制的に連行し労働させることは想定されていなかった。しかしながら、旧日本軍が法的根拠なしに権力作用を行使してしまったが、これは保護されるべき権力作用ではないので、国家無答責の法理は適用されないと判断したのです。これは、上述した強制連行・強制労働福岡訴訟とは、移入政策とその実施のための強制連行の部分について異なる判断を示したもので、非常に重要です。

後者の強制連行第2次訴訟では、さらに踏み込んで、国家無答責の法理を一般論としても排斥しました。判決は、「現時点においては国家無答責の法理に正当性ないし合理性を見いだしがたいことも原告らが主張するとおりである」としたのです。この判決は、国の賠償責任に民法の適用を否定する合理的な理由があるかどうかを検討し、結論として正当性ないし合理性をみいだすことはできないから民法が適用されるということを正面から認めたものです。これまで「絶対の壁」とされていた国家無答責の法理が、正面から排斥された判決でした（なお、2003年7月22日には、東京高裁において3例目の排斥判決が出されました。アジア太平洋戦争韓国人犠牲者補償請求事件において、判決は、「〔戦前は〕その種の損害賠償請求を法的に実現する方法が閉ざされていただけのことであり、国の権力的作用による加害行為が実体的に違法性を欠くとか有責性を免除されているものではなかった」とする認識を示したうえで、「現行憲法及び裁判所法の下にお

第3章　戦後補償裁判の概要と補償立法の動向

いては『国家無答責の法理』に正当性ないし合理性を見い出し難い」と判示しました。初の高裁レベルでの判断でもあり、極めて重要なものです）。

　国家無答責の法理が、裁判所において今後どのように扱われるのかは、原告団の努力だけでなく、国内外の世論動向にかかっているところが大きいでしょう。被告である国は、現在も、当時の法体系に基づいて判断すべきであるという主張を繰り返しています。しかし、一口に権力作用であるとか、戦争行為であるとかといってみても、その内容は実に多種多様です。そしてそうであるならば、あらゆるものをおよそ権力作用であり国家無答責の法理が妥当するという判断は、合理的でも正当性のあるものともいえません。そこに保護されるべき公務性が存するのかなど、実態に照らして精査される必要があるはずです。

　現在の憲法は、以前の国のあり方を反省し、それを否定することによって成立したという経緯をもっています。国家無答責の法理という国家無責任の考え方も、そこでは否定されています。そのような価値原理の根本的な転換が、現憲法が制定されたということの1つの大きな意味あいなのです。この憲法体制の変更に伴う価値原理転換の自覚は、戦後補償の問題を考える際には非常に重要です。第1章の総論でも述べられていますが、歴史的な経緯をふまえると、現在の国のあり方や価値原理を正当化するためには、明治憲法の下での国のあり方や価値原理を明確に否定することが不可欠なのです。

　また、現在の憲法では、公務員には憲法尊重擁護義務が課されています。そして、こうした価値原理の転換に対する自覚は、被告・国の代理人も含めた公務員一般に本来求められていることです。そうであるならば、戦後の今日にもなお国家無答責の法理を裁判にもちだすという国の姿勢は、現憲法の価値原理に拘束されなければならない公務員の義務から逸脱したものともいえなくはありません。確かに、裁判になっている事案は、国家賠償法施行以前のものですし、当時の法体系に基づいて判断をすべきであるという主張は、一般論としては正当なものです。しかし、現在の憲法の成立過程や、その成立の意義などに照らせば、被告・国の主張は、現在の憲法体制の正統性を根底から覆す内容であり、現憲法に拘束される公務員として主張することが控えられなければならない内容のものです。

　被告・国は、裁判において被害事実の認否を一貫して留保していますが、この姿勢と国家無答責の法理を主張するという姿勢は表裏一体だと思われます。

このような正面から被害に向き合うことを避け続ける国の姿勢は、「再び戦争の惨禍が起らないやうにすることを決意」した国民の政府とはいえないでしょう。現憲法に拘束される政府あるいは公務員として、こうした姿勢をとることは許されないと考えます。

時効・除斥

国家無答責の法理が排斥されると、国の不法行為の責任は民法の規定に即して判断されることになります。原告側は、民法については、不法行為地である中国の民法を用いるべきだと主張していますが、この間の裁判ではこの主張は一貫して認められていません。中国の民法が適用されない場合には、日本の民法が適用されます。その場合、民法724条後段が焦点となります。

724条後段は、判例では「除斥期間」を定めたものとされています。「除斥期間」とは、一定の時間（20年間）の経過によって権利が消滅するという制度です。これは、「権利のうえに眠る者は、これを保護せず」という考え方に基づいたもので、利害関係者の間で早期に権利義務関係を確定させ、法律関係を安定させることをねらいとしたものです。国側は、原告の訴えが不法行為が生じてから20年以上経過してからのものなので、この除斥期間にあたり損害賠償請求権は消滅していると主張しています。

戦後補償裁判では、不法行為のときから20年以上経過して原告が提訴することが非常に多くあります。したがって、形式的に除斥期間をあてはめれば、原告の人たちの権利はすでに消滅していると判断されることになります。しかし、そうした判断が、そもそもの除斥制度の精神に合致するのかは問題となります。言い換えれば、原告の人たちは、「権利のうえに眠る者」だったのかが、検討されなければなりません。

日本と中国は、1978年に日中平和友好条約を締結するまでは、法的には戦争状態が継続していました。この戦争状態の時期に、日本に対して中国の人たちが裁判を起こすのは不可能です。戦争状態の継続中には、時効や除斥が停止されるというのは、サンフランシスコ条約でも確認されていたことでした。また、日本政府は、長年にわたり「慰安婦」や強制連行などの資料を隠蔽していました。国会で追及された結果、いくつかの資料はでてきましたが、こうした隠蔽は原告が裁判を行う際の立証活動に非常に影響を及ぼすものです。さらに、中

国の人たちが、個人が日本政府に対して賠償請求を行えると知ったのは、当時の中国の外務大臣がそのことを言明した1990年代に入ってからでした。国家責任を裁判という手段で追及できるとか、裁判を受ける権利が個人にあるなどといったことは、当時の中国で広く知られていることではありませんでした。こうした事情を考慮すると、原告の人たちが「権利のうえに眠る者」だったとはいえないように思われます。

　また、この問題は、本来であれば不法行為を行った日本政府の側が率先して賠償すべき性質の問題でした。それを、日本政府は今日まで50年以上も放置してきました。しかも、被害を受けた側に問題の解決のための負担（裁判を提訴すること）を負わせておきながら、いったん裁判が始まれば、今度は自らの不作為を棚にあげて除斥期間の経過を主張するという姿勢は、賠償や名誉回復のための措置を被害者側に負わせるという意味で不公正ですし、除斥制度の精神を逸脱したものだと解されます。

　1998年、最高裁判所は、除斥を主張する側に「著しく正義・公平の理念に反する」ような特別の事情がある場合には、権利は消滅しないとする判決を示しました。戦後補償裁判においては、原告の人たちの被害の重大さと深刻さに比べて、早期の法律関係の安定によって得られるものは、国や企業の不法行為の免責でしかありません。原告側は、そうした国や企業の免責を認めることは、「著しく正義・公平の理念に反する」ことになるのではないかと一貫して主張してきました。こうした原告側の主張や最高裁判決に支えられて、上記の強制連行・強制労働福岡訴訟などいくつかの戦後補償裁判では、除斥期間の経過を主張する国や企業の姿勢が、「著しく正義・公平の理念に反する」と判断され、除斥期間の適用が制限されています。今後の裁判でも、形式的に724条後段をあてはめるのではなく、戦後の実態を照らした慎重な判断がなされる必要があります。

　一連の戦後補償裁判では、以上にみてきた国家無答責の法理も時効・除斥の問題も、いくつかの裁判ではすでに排斥されたり制限されたりして、個別には克服されている現状です。しかし、国家無答責法理の排斥と時効・除斥適用の制限の両方とを同時に認めた判決は、まだ示されていません。これが現在の戦後補償裁判の到達です。今後は、この両方の組み合わせをどのようにして同時に認めさせるのかが、原告側の課題になっています。

## 補償立法の動向

補償立法とは？

　これまでは、裁判の概要や争点についてみてきました。しかし、裁判による解決というものは、大変な労力と時間を要します。また、仮に原告の勝訴という形で裁判が確定したとしても、それによって救済されるのは原告に限られています（原告以外の被害者は救済されません）。司法による解決というのは、こうした限界を内包しています。そこで、裁判とあわせて、立法による解決が目指されることになります。

　ところで、そもそもなぜ補償立法は必要なのでしょうか？　立法を必要とする合理的な理由はあるのでしょうか？　この点をまず考えてみましょう。

　さきほども述べましたが、裁判という手段は非常に時間のかかるものです。敗訴した側が控訴し、さらに最高裁に上告するとなると、だいたい5年から10年くらいはかかると思われます。こうした裁判の長期化は、解決策それ自体としても効率的なものではありませんが、さらに原告である被害者の高齢化をもたらします。「国は被害者が死に絶えるのを待ち望んでいるのか」という批判がありますが、こうした被害事実の存在と被害の継続を大前提としたうえで、裁判という手段による解決の長期化・高齢化という問題が、まず1つめの理由として挙げられます。

　2つめには、戦後50年が経った1995年前後から、日本政府は、国連規約人権委員会人権小委員会やILO条約適用専門家委員会、国連経済的社会的文化的委員会などの国際機関から、戦後補償問題を解決させるよう様々な勧告や報告を、それこそ毎年のように受けています。日本政府は、「アジア女性基金」の創設などを根拠に苦しい答弁をしたり、あるいは勧告自体を無視し続けたりしてきましたが、こうした国際機関からの長年にわたる是正勧告に応える必要があるというのも、理由として挙げることができます。

　3つめには、アメリカやドイツ、カナダ、オーストリアなど諸外国ではすでにこの種の補償立法が制定されていて、被害者に対する対策が一定行われていることも、外国と比較する際には補償立法を必要とする理由になるでしょう。アメリカやドイツの例については、後ほどより詳しく紹介します。

　4つめには、国内外の世論の高まりがあります。1995年の北京女性会議や2000年の女性国際戦犯法廷をはじめ、日本弁護士連合会の意見書や、一連の戦

後補償裁判の提起、さらには当事者や多数のNGO・研究者などの取り組みの結果、これまで表面化することのなかった「慰安婦」や強制労働、人体実験、毒ガス兵器などの実態が明らかにされてきています。そしてそれらによって被害を受けた人に対する補償を求める声も、一定の高まりをみせています。

5つめには、旧軍人に対しては軍人恩給や遺族年金などが与えられていることに比べて、被害者に何らの措置もとられていない事実も、その不公正さの解消が目指されるべき理由となります。

6つめには、行政府の不作為があります。1993年、官房長官は声明を出して、政府が「慰安所」の設置・運営に関与していたことを認めましたが、しかし他方で、戦後補償の問題については、政府は、「サンフランシスコ講和条約、二国間協定その他関連国際協定によりその義務を誠実に果たして」「日本と上記諸協定関係国との間では最終かつ完全に処理されている」と述べ、すでに解決済みであるという立場をとっています。こうした政府の認識と不作為も、理由として挙げることができます。

7つめには、司法府の限界があります。さきほども時間的な問題と原告しか救済されないという点を指摘しましたが、さらに裁判所自体が判決で救済の必要性をあまり肯定しないという傾向があります。たとえば、「戦争犠牲ないし戦争損害は、国の存亡に係わる非常事態の下では国民の等しく受忍しなければならなかったところであって、これに対する補償は憲法の全く予想しないところというべきであり、右のような戦争犠牲ないし戦争損害に対しては単に政策的見地からの配慮が考えられるにすぎないものと解すべきことは、当裁判所の判例の趣旨に徴し明らかである」（台湾人元日本兵国家補償請求事件最高裁判決、1992年4月28日）といった判決が出されたりしています。一方、立法による救済に積極的な判決もいくつか示されています。たとえば、韓国人「慰安婦」・女子挺身隊訴訟（関釜訴訟）一審判決（山口地裁下関支部、1998年4月28日）は、「従軍慰安婦制度が……徹底した女性差別・民族差別思想の表れであり、女性の人格の尊厳を根底から侵し、民族の誇りを踏みにじるものであって、しかも、決して過去の問題ではなく、現在において克服すべき根源的人権問題である」「被告国は、当然従軍慰安婦制度の存在を知っていたはずであるのに、日本国憲法制定後も多年にわたって右補償立法をなすべき作為義務を尽くさず、同女らを放置したまま敢えてその苦しみを倍化させたのであり、この不作為は、そ

れ自体がまた同女らの人格の尊厳を傷つける新たな侵害行為となるというべきである」と述べています。また、韓国・朝鮮人「BC級戦犯者」訴訟控訴審判決（東京高裁、1998年7月13日）も、「第二次世界大戦において国家の権力により犠牲を強いられ、被害を受けた者たち、特に、違法な国家権力の行使によって犠牲・被害を被った者たちに対しては、国家の責任においてその被った犠牲・被害について一定の補償をすべきであるという認識が次第に我が国を含めた世界の主要国の共通の認識として高まりつつある」「第二次世界大戦が終わり、戦犯者控訴人らが戦犯者とされ、戦争裁判を受けてからすでに50年余の歳月が経過し、戦犯者控訴人らはいずれも高齢となり、当審係争中にも、そのうち2人が死亡している。国政関与者においてこの問題の早期解決を図るため適切な立法措置を講じることが期待されるところである」と判示し、最高裁判決（1999年12月20日）も、「立法措置が講じられていないことについて不満を抱く上告人らの心情は理解し得ないものではない」と述べました。このように裁判所自身が、立法によって解決すべきだと判示している判決も、少ないながらも存在するのです。

　以上のような、立法を必要とする根拠をふまえたうえで、それでは立法するとして、その目的は何に求められるべきでしょうか？

　この目的は、まず何よりも、歴史の評価、すなわち先の戦争や植民地支配などの歴史をどう評価するかという点にかかわります。つまり、被害事実があり、被害者がいることを前提にすれば、謝罪と賠償、そして名誉回復を目的とするものであることが必要といえます。これなしの補償立法は、「お金させ払えばいいんだ」という性質のものになってしまい、被害者の人たちの感情にとっても、またそうした内容の法律を制定させてしまった国民にとっても、決して正当な歴史認識に裏打ちされたものとはいえないでしょう。被害者の人たちは、「アジア女性基金」のときと同様に、受け取りを拒否することも十分ありえると思います。過去の歴史を直視し、反省と謝罪の意思を法律に込めるのであれば、被害者の存在に立脚した目的が必要だと思われます。

　それでは、こうした補償立法が制定されたとすると、それによってどのような効果が生まれるのでしょうか？

　まず、法律は、国権の最高機関である国会において、国民の代表である国会議員によって制定されます。ということは、補償立法を制定することは、国民

一般の意思表示ということができます。一般意思の表明としての補償立法という意義が、ここにみいだすことができるでしょう。そしてこのことは、国民の多くの人たちの歴史認識に基づいて法律が制定されるわけですから、対外的に国民の多くの歴史認識が、先の戦争を反省していることを表明することにもなります。

また、立法の場合には、裁判のような原告一人一人の解決ではなく、より包括的・全面的な解決が可能です。その範囲をどこまでにしてどのように救済するのかということは、これはこれで1つの問題なのですが、しかしいずれにせよより広範な被害者を救済することができるという意味では、補償立法の制定は大変重要です。

さらに、補償立法を制定させることは、将来に対して非常に大きな意義をもちます。1つには、立法行為自体が、対外的、とくにアジア諸国からは、平和と友好の姿勢の表れと評価されることでしょう。今後のそれらの国や国民との関係を考えたうえでも、そのような姿勢のうえに、お互いの信頼が築かれていくことになると思われます。

最後に、補償立法の制定は、過去の歴史を記憶するという効果とともに、その反省を活かしながら新しい法規範を制定するという意義があります。「慰安婦」問題にみられる女性の人権などが典型ですが、こうした立法行為は、過去の悲惨な戦争行為を繰り返させないための意識を育て、規範を確立していくための一助になると思われます。

### 諸外国の補償立法の例と日本国内の提案

ここでは、すでに補償立法を制定させ一定の対策を行っているいくつかの国での補償内容と、国内での補償立法の提案について紹介したいと思います。

アメリカでは、第2次世界大戦中、1942年に大統領の行政命令に基づき、当時アメリカ西海岸に居住していた日系アメリカ人約11万人が、敵性人種として強制収容されました。戦後、アメリカ国内の日系人などの取り組みもあり、1988年、当時のブッシュ大統領（現在のブッシュ大統領の父）は、第2次世界大戦中のアメリカ政府の措置を日系アメリカ人の市民的自由と憲法上の権利を侵害するものであったことを認めて謝罪し、1人につき2万ドル（約240万円）の補償金を支払うことを定めた「市民的自由法」を制定しました。1990年10月、

被害を受けた日系アメリカ人一人一人に、大統領から謝罪の手紙が届けられましたが、その文面には、大統領の署名とともに、次のような記載がありました。

　「金額や言葉だけで失われた年月を取り戻し、痛みを伴う記憶を癒すことはできません。また、不正義を修正し、個人の権利を支持しようというわが国の決心を十分に伝えることもできません。私たちは過去の過ちを完全に正すことはできません。しかし、私たちははっきりと正義の立場に立った上で、第2次大戦中に重大な不正義が日系アメリカ人に対して行われたことを認めることはできます。
　損害賠償と心からの謝罪を申しでる法律の制定で、アメリカ人は言葉の真の意味で、自由と平等、正義という理想に対する伝統的な責任を新たにしました。みなさんとご家族の将来に幸いあれ」。

　ドイツでは、ナチス政権の与えた被害が前代未聞の深刻さだったことと、占領下にあって主権回復を果たすためにも、アメリカよりもかなり早い段階から補償立法が制定されてきました。1949年の「ナチ不法に対する補償法」は、その後の西ドイツの戦後補償のモデルとなるものでしたが、1956年には、1953年の「補償のための連邦補足法」を改定した「連邦補償法」が制定されました。これは、ナチス政権が第2次世界大戦中に行ったユダヤ人虐殺の犠牲者やその遺族に対して年金などの形で補償することを定めたものです。「連邦補償法」が想定しているナチスによって迫害された犠牲者とは、「ナチスに対する政治的な敵対」、「人種・信仰・世界観上の理由」から迫害を受けた人たちです。補償対象は、西ドイツ在住ないし旧ドイツ帝国内に居住していた人に限定され、ポーランドや旧ソ連出身の人たちは除外されていました。その後、西ドイツでは、属地主義が緩和されたり、外国人犠牲者や「強制的断種」の犠牲者などにも補償がなされたりと、漸次、補償対象は拡大していきました。
　しかし、その西ドイツにおいても、強制労働一般については、「戦争と占領支配の一般的な随伴現象」として、政府や企業はその責任を否定してきました。こうした態度を問題にしたのが、1980年代に入り躍進してきた緑の党でした。緑の党は、強制労働もナチ不法に属する犯罪とみなし、「ナチ強制労働補償連邦基金」の設立を求める法案を提出しました。このような強制労働に対する態

度に変化が表れたのは、1990年代になってからです。1994年、連邦議会は、連邦政府に対して、強制労働を強いたドイツ企業が歴史的な義務を果たすよう働きかけることを要求しました。また、1996年には、連邦憲法裁判所が、強制労働に対する個人補償を認める決定を下しました。こうした経緯を経て、2000年、「記憶・責任・未来」基金は創設されました。この基金は、ナチス政権下で強制労働に従事させられたユダヤ人や捕虜などに対して、連邦・州政府および企業が総額100億ドイツ・マルク（約5400億円）の補償基金財団を創設するというものです。この基金法案は、ドイツ連邦議会の全政党が賛成するというなかで成立しました。「記憶・責任・未来」基金は、政府や政党、企業、被害者団体など多様な利害関係者の思惑が交錯したなかでの所産ですが、しかし、少なくとも政府と企業が過去の不法に対する責任を共有し前提にしているという意味では、非常に重要な意義を有するものとなっています。

　それでは、諸外国に比べて、日本では補償立法の動向はどうなっているでしょう？
　日本では、民間レベルでは、これまで日本弁護士連合会のいくつかの提言や、「戦後補償立法を準備する弁護士の会」による「外国人戦後補償法（試案）」などが公表され一定の注目を集めてきました。これらは、戦争被害を包括的にカバーし補償することを指向しています。一方、国会レベルでは、この間、民主・共産・社民3党が共同提出している「戦時性的強制被害者問題解決促進法案」と「国立国会図書館法の一部を改正する法律案」が重要ですが、こちらは戦争被害を包括的にカバーするというよりも、被害の性質に着目して個別的に対応していくことを指向しています。「戦時性的強制被害者問題解決促進法案」は、「政府は、できるだけ速やかに、かつ、確実に、戦時における性的強制による戦時性的強制被害者の尊厳と名誉が害された事実について謝罪の意を表し及びその名誉等の回復に資するために必要な措置を講ずるものとする」ことなどを定めています。また、「国立国会図書館法の一部を改正する法律案」は、第2次世界大戦中の歴史事実の真相究明を行うために、国会図書館に恒久平和調査局を設置することを定めています。
　野党会派が提出している法案は、与党会派の反対もあり、国会に提出されてもなかなか付託される委員会が決定されなかったり、委員会が決まっても「吊

るす」状態──審議することなく店晒しにする状態──が続くことが多く、会期終了に伴い廃案となったり継続審議となっています。野党会派は、廃案になるたびに再提出し、その度に賛成議員の数も増えてきていますが（2003年1月31日の参議院提出時には73人）、しかしこうした状態は2000年からすでに6度目になります。2000年10月、台湾の立法院は、日本の「戦時性的強制被害者問題解決促進法案」の早期制定促進決議を採択しましたが、2003年2月には、今度は韓国国会も同様の決議を全会一致で採択しました。補償立法の動向は、他のアジア諸国からも重大な関心が向けられています。

最後に、2003年4月24日に東京地裁で示された──上記で紹介した山西省の事件とは異なりますが──山西省で「慰安婦」として性的強制を受けた被害者が提訴した裁判の判決を紹介したいと思います。

「当裁判所は、以上の判断の結果、裁判所による『過去形の問題解決』は否定せざるを得ないが、原告らの心の奥深くに消え去ることない痕跡が残り続けることを考えると、立法府・行政府において、改めて立法的・行政的な解決を図ることは十分に可能であって、いわば『未来形の問題解決』として、本件訴訟を含め、戦後補償問題が司法的な解決とは別に、被害者らに何らかの慰謝をもたらす方向で解決されることが望まれる」。

**[付記]** 本章の執筆にあたっては、「中国人戦争被害賠償請求事件弁護団」から、訴状や準備書面、陳述書など、様々な資料を提供していただきました。ここに記して謝意を表します。

**【参考文献】**
中国人「慰安婦」裁判を支援する会＝中国人戦争被害者の要求を支える会ほか『その勇気をむだにしないで』（1999年）
今村嗣夫＝鈴木五十三＝高木喜孝『戦後補償法』（明石書店、1999年）
矢野久「ドイツ『記憶・責任・未来』基金の成立とその歴史的意義」季刊戦争責任研究30号（2000年）
中国人強制労働事件・福岡訴訟原告弁護団編『過ちを認め、償い、共に歩むアジアの歴史を（改訂増補版）』（リーガルブックス、2002年）

# 第4章

中国の山河

# 隣国からのメッセージ
# "中日両国人民世世代代友好下去"

吉原雅子

## はじめに

"戦争の世紀"の背中はまだすぐそこに見えています。そして、新たな世紀のはじまりに「平和な世界を！」との反戦の訴えはなお強く激しく叫ばれました。

なぜ戦争をするのでしょうか？　その後に、何が残されるのでしょうか？ 戦争で犠牲になるのは、罪のない人たちの尊い生命です。大切な人を奪われた、残された人々が、怒りや悲しみに苦しむことは言うまでもありません。

では、戦争を経験していない被害国の人たちに加害国はどう映っているのでしょうか。ここでは"戦争が残したもの"のもう一つの側面を見つめたいと思います。

## 歴史認識

中国と日本では、同じ戦争について教科書での取り上げかたに大きな違いがあります。一つはその量です。日本の教科書に数行でまとめられている事件について、中国では数十ページにわたり説明します。"抗日戦争"として時期ごとに項目に分けられ、全体では教科書の6分の1ほどの量になります。中国の歴史の長さを考えればこの分量は非常に多く、中国においてこの侵略戦争の歴史がどれだけ重点的に教えられているかがうかがえます。それ以外に、表現の違いが挙げられるでしょう。顕著な例としては"南京大虐殺事件"です。日本では"南京事件"と教えられていることが多いようです。

また中国では、現在でも頻繁に日本との戦争にまつわる映画が放映されており、そこに登場する日本人はもちろん残酷極まりない横暴な軍人たちです。一日に一度はどこかのチャンネルで放送されていると言ってもおかしくないほどです。

戦争記念館も多く存在します。盧溝橋や南京、731部隊跡地、遼寧省撫順の平頂山など、戦争においても特に虐殺などの惨劇が繰りひろげられた場所には必ず記念館が存在します。

そう遠くない過去に侵略をされた歴史が色濃く残されている中国において、戦争を体験した世代はもちろん、戦後に生まれた世代の人たちも、日本や日本人をよく思わない人が大半を占めるであろうことは想像に難くありません。

国交が正常化され30年という時間が経過しました。それまでに比べれば両国

の人々は互いを理解しあう機会を多く持つことが可能になったのは確かでしょう。でもやはり全体的に見れば、互いの国へ行き、そこでの人々の生活をみたり人とふれあうことで、互いの国を深く知ることができた人は少数なのではないでしょうか。日本人が中国や中国人に対し偏見的な印象をもっていることも残念ながら多く、また日本との関係についてどう考えるかとの問いに、歴史認識問題を理由に「良好ではない」と答える中国の人が多く存在することも事実です。

## 中国での「対日戦争賠償請求訴訟」報道

日本との歴史認識についてこれだけ論じられる中国で、靖国神社参拝問題や教科書検定問題などが批判的に報じられているのは言うまでもありません。さらにここ数年は、「対日戦争賠償請求訴訟」が注目されています。

1995年に提訴された「731・南京虐殺等損害賠償請求訴訟」や「中国人『慰安婦』1次訴訟」をはじめ、その後毎年のように提訴されてきた一連の「対日戦争賠償請求訴訟」について、中国は一貫して報道してきています。これは「中国人『慰安婦』1次訴訟」判決後の報道の訳文です。

---

【北京晨報】2001年6月1日付

中国人慰安婦日本で敗訴
　弁護士は控訴を表明、また慰安婦3次訴訟も7月に提訴

　昨日、中国人慰安婦弁護団の中国国内の協力者である方元律師事務所の康健弁護士は、本紙記者の取材に答え日本の裁判所は中国側の請求を棄却したと述べた。彼女はこう説明する。「裁判所が5月30日午後下した判決は不当であり、客観的ではない。慰安婦弁護団は声明を発表し、その中で控訴を表明するとともに、7月には海南島の8人の原告代理人として第3次慰安婦訴訟を提訴するとも述べている」と。
　現在、中国人慰安婦は日本で1次、2次と合わせて10名ほどの原告が訴訟を起こしている。今回請求を棄却されたのは第1次の原告4名で、彼女

達は山西省孟県出身の農民である。1942年から1944年にかけて、孟県に駐留していた日本軍は彼女達を駐屯地に連行し、長期間監禁し、暴行を繰り返した。4名の被害女性の中で当時最も年少だった女性は15歳、最年長者でも21歳を越えなかった。1995年8月7日、彼女達は日本の東京地方裁判所で正式に提訴し、日本政府の謝罪と2000万円の賠償金を請求した。
　案件は6年近く審理され、おととい、東京地方裁判所は判決を言い渡した。裁判長・柳田幸三は読み上げた。「訴状が根拠としている条約は国際法上では個人の損害賠償請求権を認めてなどいない」。裁判官は彼女ら4人の原告には賠償請求の権利が無いと考え、従って請求を棄却したのである。
　康健弁護士はこのように考える。この案件は何度も開廷し、原告4名のうち3名は自ら日本へ赴き出廷し、証言している。弁護団も多くの書証を提出している。しかし、判決の際には、裁判官は事実に対して認否を行わなかった。これは明らかに日本軍の犯した蛮行が違法か否かを判断することを回避するためである。しかも、この判決は国際法を誤って解釈しているものである。
　（中略）日本政府を被告とした慰安婦訴訟は9件あり、中国、韓国、フィリピン等がある。しかしこれら慰安婦訴訟では未だに勝訴したことがない。

　これら新聞報道は全国的になされ、テレビでは戦後補償問題の特集番組が放映されることも少なくありません。最近も中央電視台で45分の特集番組『世紀之訴』が放映されました。中央電視台とは中国の国営の放送局で合計12チャンネルの番組を制作・放送しています。
　戦後補償に携わる中日両国の人々をメインに取材したドキュメンタリーシリーズ『未来之訟』も先ごろ山東省で放映され大きな反響を呼び、今後は全国的に放映されていくとのことです。『未来之訟』は合計21集で、1集が30分で構成されています。
　最近では、2003年5月15日に言い渡された旧日本軍遺棄毒ガス・砲弾事件2次訴訟の判決について、黒龍江省電視台のテレビカメラが法廷内を撮影し、その後正門前からの中継を行いました。東京地方裁判所では初めて、海外の報道

カメラが法廷内での撮影を行いました。そのため中国では2003年5月15日のこの判決は非常に注目度が高く、黒龍江省を中心に、これまでになく大々的に報道されました。その見出しの一部を紹介します。

【人民日報】2003年5月16日付
　東京地方裁判所は意外にも賠償請求を棄却
　中国人は旧日本軍遺棄毒ガス弾により大きな被害を受けている

【北京晩報】2003年5月16日付
　日本の裁判所は賠償請求を棄却
　遺棄毒ガス弾被害はとどまるところを知らない
　回収するすべがなかったなどは口実にすぎない
　事実を認めて罪を認めず

【新晩報】2003年5月16日付
　正義　昨日は欠席
　東京地方裁判所　旧日本軍遺棄毒ガス中国人被害者の賠償請求を棄却

【生活報】2003年5月16日付
　「私たちは控訴する　正義を獲得するまで」
　戦後　砲弾被害は無防備な人たちに及んだ
　訴訟は世紀を越えて
　判決は予想どおり
　歴史には　必ず公正な裁きがある

【黒龍江日報】2003年5月16日付
　国を越えての訴訟　旧日本軍遺棄化学兵器・砲弾被害中国人訴訟
　東京地方裁判所は原告の請求を棄却
　日本の裁判所は被害事実を認めた

【廣播電視報】2003年5月18日付

　本紙　日本での特別報道
　省テレビ局　日本の裁判所での中国人訴訟裁判　中継の舞台裏
　国を越えて黒龍江へ生中継
　元日本兵心から悔しがる　日本政府は死んでも認めないつもりだ

【北方時報】2003年5月20日付

　正義は何処に？
　旧日本軍遺棄化学兵器砲弾中国人被害者訴訟一審判決ドキュメント
　「現在、中日の原告側弁護団および被害者は控訴を決めており、法的手続き等の準備段階である。すべての平和を愛する人々は堅く正義を信じ、そして必ず邪悪に勝利していく」

【解放日報】2003年5月23日付

　正義は敗れない　――日本軍遺棄毒ガス訴訟を迎えて――
　喉じゅうに大きな水ぶくれが　手は爛れて「あげパン」のよう
　人の心には本来「正義の心」が存在する

　中国の新聞は全国紙、地方紙、夕刊紙、専門紙をあわせて80紙以上と豊富です。さらに各省の県にも、また市にも独自の新聞があります。それらを合計すれば100紙以上にはなるでしょう。
　中でも「北京青年報」は紙面の二面すべてにわたり判決や事案について紹介しました。「北京青年報」は北京三大紙のうちの一紙で、比較的若い世代の人たちに購読されています。ここでは、一部抜粋を紹介します。

【北京青年報】2003年5月17日付

旧日本軍遺棄化学兵器被害者訴訟レポート

　5月15日午前10時、日本の東京地方裁判所103号法廷にて旧日本軍遺棄

化学兵器被害者訴訟の判決が言渡された。「国を越えた裁判」と言われる中国人が日本政府を訴えた裁判。開廷後20分、法廷で言渡された判決は、原告が化学兵器の被害に遭った事実を認め、しかし日本政府は法的責任を負えない、よって張岩ら5名の原告の請求を棄却というものだった。日本で中国人戦争被害者が再び敗訴したのである。

## 日本は被害事実を認めるが法的責任を負わない

　東京地方裁判所103号法廷には96の傍聴席がある。午前10時開廷前、すでに法廷は傍聴者で埋め尽くされていた。原告席には張岩等4名と日本人弁護士が、被告席には日本政府側の関係者が座っていた。傍聴席の多くは日本人記者と中国人記者、また日本国内で原告を支援する民間組織の人たちであった。
　この訴訟を指揮する裁判長斉藤隆は判決を読み上げた。「原告らは日本軍の遺棄した化学兵器により甚大な被害を受けた。旧日本軍はかつて毒ガス弾を大量に製造し、大量の化学兵器を中国に配備した。証拠隠滅のために日本軍はこれら毒ガス弾を隠蔽し、戦後もこの事実を隠し続けてきた」。
　しかし斉藤裁判長は判決のポイントとなる被告日本政府の法的責任の有無について「原告はハーグ条約や国際法を根拠に法的責任を追及しているがハーグ条約と国際慣習は個人を法的主体者としない。原告は中国民法を根拠とし賠償を請求しているが、被告の行為は公的行為に属しまた中国民法はこの訴訟の範囲外である。また毒ガス弾の遺棄行為は日本の国家賠償法が施行される以前に発生した行為である。したがって法的責任はない。日本政府が中国政府に対し毒ガス弾の回収・保管を申し入れたとしても、最終的に処理を遂行できるか否かは、中国政府の判断によるものである。また中国政府と日本政府は中日共同声明において賠償問題について解決している。したがって、原告の請求を棄却する」。
　原告張岩らは法廷を出ると記者のインタビューに答え「非常に腹立たしい、受け入れることはできない、日本は中国に化学兵器を遺棄し大きな被害をもたらした。しかし日本政府は歴史を認めない、歴史を直視しない。必ず控訴する。必ず公正を勝ち取る」と述べた。

この「国を越えた裁判」において調査に携わり法廷においても証言をしたハルピンの弁護士蘇向祥は言う。「この判決結果は想像がついていた。しかし、裁判所は事件の事実を認めた。これは一つの前進とも言える。このような裁判は勝訴のみを目的としない。いくらかの賠償が獲得できるか否かは最終的な目的ではない。国を越えて裁判を起こし、日本国内の人々に歴史を認識すること、そこから教訓を得ることを呼びかける。平和を訴える。これがこの裁判の意義だ」。

　さらにこの後、
・旧日本遺棄化学兵器訴訟はどのように提訴されたのか
・訴訟は１次と２次　原告は計18名
・中国民間人の戦争賠償請求権は放棄されたのか？
・遺棄毒ガス弾被害に遭った日本人はみな政府の賠償を獲得
といった小見出しで始まる４つの項目について詳細に説明をしています。中国国内でこれだけ多くの新聞が存在するなかで、この「北京青年報」の記事の量は他に類を見ないものでした。日本における判決後の新聞報道の、各紙の記事すべてをあわせたくらいの量だったといえます。

　日本ではあまり知られていない事実かもしれませんが、このように日本国や日本企業を被告とする戦争賠償請求訴訟は中国の広範な人々に注目をされ、その動向はこれら報道により全国的に伝わっているのです。

## 中国の「国交正常化前後世代」

　日本と同様、中国でもインターネットの普及とともに、そこでは膨大な情報が日々行き交い、またネット上での交流の場も多数存在します。なかでも「人民網」や「互聯網」など規模が比較的大きいサイトには、特に中日関係についてのみをトピックに会話がされるチャットルームがあります。そこでの会話は日本を非難するものがほとんどです。

　そこに参加しチャットをしている人たちの年齢層はおよそ20代前半から30代後半なのではないかと予測されます。なぜならば、日本でもそうですが、こういったインターネットでの交流が可能な人は比較的若い世代に多いと思われま

すし、実際にそこでの会話からも分かるからです。さらに若い世代の人も参加しているかもしれません。ときに、かなり表現が幼いものも見うけられます。戦後世代であることはもちろん、日中国交正常化以降もしくはその少し前に生まれた世代の人たちです。その人たちが日ごろから日本について感じていることが話されています。

　内容は、その多くが日本や日本人を批判したり罵倒したりといったものです。しかしその中で、異なる意見をもち、敢えてこの場に投げかける人もいます。もしくは異なる形で文章をサイト上に投稿したりしています。

　日中全面戦争が始まった1937年7月7日。「盧溝橋事件」は中国では"七七事変"と呼ばれ、この日は今も記念日とされています。66年後の2003年7月7日に発信された文章をここに紹介します。

---

『日本を許そう』　2003年7月7日午後3時39分

　私は一人の中国人です。私は深く自分の祖国を愛しています。過去を忘れることはできません。一人の中国人として、民族の過去を忘れ去ることは民族に対する欺きです。しかし、戦後世代の中国人として、同世代の日本人と和解したいと考えます。いつまで恨みつづけていくのでしょう。私たちの子孫までもが、互いに敵視しあい生きていって欲しくありません。だからこそ私は中日両国の人民が戦争で受けた痛みを理解したいと強く思うのです。私は大きな心で、この両国の人民に深刻な被害をもたらした"戦争"を見つめたいと思います。私たちと私たちの後世の人たちが今のように敵同士という立場で向かい合うことが永遠に続くことなどないよう願います。

---

『複雑な中日関係』　張三利市　2003年7月7日午後3時4分

　中日は互いに遠慮しあっている。中国はいま発展の途上です。日本はアメリカを追随していくことでバランスをとっています。日本は世界に向けて新たなスタートをきったようですが、中国は軍国主義の復活を恐れてい

ます。アメリカは強大すぎます。中国がどうやって日米の強力な連帯を打ち破れるでしょうか？

台湾を取り戻すことは中国にとって有利です。日本はそれを喜ばないでしょう。複雑すぎる関係。国力を高め、軍隊を強化することで中国ははじめて台湾を取り戻せ、そして比較的優位な地位を獲得できるのです。

## 『"悪魔化"される日本の裏側──ネット上で日本を目の敵にしている友へ──』　2003年7月7日

"中日両国の人民は世世代代にわたり友好を"
このようなスローガンを盛大に掲げ、両国が慶祝ムードのなか記念行事も多くとり行われ、日中国交正常化30周年の佳節を迎えました。しかしそのときに、読売新聞の記事でも、また中国青年報の記事でも、両国の青年が互いに嫌悪感を抱いているという調査結果の数字が明らかにされました。

このような不信感が生まれているのは、当然現在の日本の政策、とりわけ右翼勢力が行っていることが大きな原因となっているでしょう。しかし、この問題について言えば私たちの国にも大きな問題があると言えます。私たちが受けてきた教育、日本の真の姿を報道してはいないメディア。中国の「互聯網」上での日本を仇としかしない発言の多さは甚だしく、真剣に考えている人は稀有です。この状況を私は危機だと捉えています。私たちはネット上で日本を"悪魔化"している傾向にあります。

魯迅は『透底』の中で書いています。

「私はよくこう考える。およそ中国を訪れた人は中国に嫌悪感を抱く。私は敢えて心から感謝をしたいと思う。なぜなら、その人たちはみな別に中国人をとって食べようとしているわけではないからだ。だから、外国のどなたかが中国に来て、私たち中国の現状を評価してくれる。その人は良心ある、尊敬に値する人ではないか」。

このような文を読み、私は敢えて"売国奴""日本びいき"などと呼ばれることも覚悟で私が感じている、理解している日本の真の姿を書こうと思いました。

日本は現在、アメリカの影響下で一軍国主義国家から西洋的民主主義国

家へと変わりました。敗戦をしてからの日本には、平和主義の思想が一定存在します。"反戦"はやはり日本社会の主流です。

日本には右翼勢力も存在します。しかしその勢力は、日本において自由にやりたい放題できるということではありません。西洋諸国にも右翼勢力は存在します。彼らの政治的観点は主に国家と民族の利益を擁護するところにあります。私たちの国に存在する民族主義的青年が憤激している状況と大差はないのです。憂慮すべきは極右勢力の台頭です。しかし、この一部勢力は主流にはなりえません。日本の民主主義社会においては、この一部勢力はその勢力拡大を制限されています。

しかし日本は民主主義国家であり、右翼勢力を含むすべての人に発言権が与えられています。この点を中国人は理解しなければなりません。思想に罪はないのです。ただ極右勢力、もしくは極左勢力が社会に害をおよぼすような行動をしたときに、日本の警察がそれを制圧します。

日本の政治の発展は、その政治制度と密接なかかわりがあります。日本は戦後、憲法改定を議論し続け数十年が経ちました。日本の民主政治制度において、憲法改定は容易ではないのです。私たちの国でなされている過剰な報道は、無名な学者に名前を売る機会を与えているにすぎません。

日本という国は、他国から侵略されることがない限り、自分たちから戦争を起こすことはまずできないでしょう。日本は戦争の記憶が鮮明に残っている国です。日本は、青年たちにまた武器を掴ませるようなことをするほど愚かではないはずです。軍国主義が復活したとして、日本国民がそれに従い実行することはないはずです。

日本の教育制度は私たちの制度とほぼ違いはなく、全国統一の教科書は存在しません。文部科学省に教科書審査委員会があります。アメリカなど、西洋諸国での教科書制度は詳しく知りませんが、日本では教科書は比較的自由に出版できるようです。そして学校がどの教科書を使用するかもまた比較的自由なようです。政府がそれを干渉すれば裁判になります。ですので、日本には侵略の歴史を否定する、"南京大虐殺"を否定する教科書が存在するのです。

（中略）

日本人も同じく人間です。良い人もいれば悪い人もいます。日本人がみ

な牙をむいて大日本帝国万歳、天皇陛下万歳と唱える悪魔ではありません。

　日本の若い人たちが欧米文化を好む傾向があるのは確かです。政治に関心がある人は少ないようです。関心がある人はごく少数です。

　日本の中高年世代の人たちは礼儀正しく、生活にもゆとりがあります。私たちの国の中高年世代と何も変わりません。世間話をするのが好きで、若い人たちの言動には慣れ親しむことができず、過去を思い出しては戦後初期の苦労を語り、満足に食べられなかった時代の話をしたりします。

　日本の先生は、やはり"藤野先生"のように、外国の苦学生に対しまったく差別などありません。

　100年ほど前に、私たちの北洋水師は日本の海軍に全滅させられました。土地を奪われ財産を奪われました。政権までも支配され屈辱を受けました。しかし、当時の知識分子は日本を敵視することなく、日本を師と仰ぎ、日本への留学は盛んでした。日本から帰国した青年知識分子たちは欧米に留学をした青年とともに新文化運動の旗を掲げ大いにそれを促進し、後世に大きな影響を与えました。

　歴史の経験は私たちに語りかけます。日本に学ぶことを恥だとしてはいけない。この隣国には、良い面も悪い面も含めて私たちが学ぶべきところが多くあります。

　日本と仕事上でかかわりを持っている人たちへ。同胞へ日本の真実を伝える重要性を認識するべきです。

　中国の良識ある人たちは、恨みだけでなく歴史の教訓を深く心に刻むべきです。

　中国と日本は決して再び戦争をしてはいけないのです。

---

『私たちは正しく中日関係を見るべき』　KuKu　2003年7月7日午前9時54分

戦争が終結して半世紀が経ちました。
中日の新時代を担う一人として
私たちは過去を疎ましく感じているだけではいけないでしょう。
さらに大局に立ち中日関係をみつめ

> 大局に立ち中国の改革・発展を考えるべきです。
> 80年代に党中央は明確に"中日両国の人民は世世代代にわたり友好を"との政策を打ち出しました。
> これは党と政府がよく時代を見極め将来を考えて決定した重要な政策でした。
> 現在、日本は民主政治制度を確立しています。
> 非戦憲法を制定しました。
> 日本の軍国主義復活など大きな問題ではないでしょう。
> 私は堅く信じています。
> 中日両国の新時代を担う青年が一致団結してこそ、東アジアの繁栄と発展を護ることができるのだと。
> 七七事変の記念日である今日。
> 私たちは新たにこの戦争の記念日を、平和を祝う記念日に変えようではありませんか。

　これらは、「互聯網」に発信された4名の文章です。発信者はネット上での名前を名乗っています。また「人民網」上の「中日論壇」というチャットルームも、やはり同じように日本を批判する人たちが集まる交流の場とされている感が否めませんが、ここではときに、日本の歴史や経済等各分野にあかるい人物をゲストに迎え、日ごろこの交流の場において多く発言をしている常連投稿者もネット上での名を名乗ったまま参加し、ネット座談会が開かれています。その際は、日ごろ大胆に発言をしている投稿者も比較的静かに、また納得した様子で、日本について知る新たな情報や知識に満足しているようです。
　もちろん、こういったチャットルームにわざわざ意見を投稿する人たちですので、意見が両極端になりがちなのは理解できます。しかしそれ以外に、日本にも存在するように、こういった日中間の歴史認識や戦争問題に無関心な層も、中国のこの世代の人たちに多く存在するのではないかと考えられます。
　中国の人たちに日本の、また日本人の真の姿が伝わっていないのと同時に、日本人にもまた中国や中国の人たちの、ありのままの姿は見えていないのだと思います。

物心がついたときには国交が回復されていた世代の私たち。両国がその後歩んできた友好の歴史において築かれてきた信頼や友情。それをさらに真実味ある、わだかまりのないものにしていくのもまた、この「国交正常化前後世代」である私たちではないでしょうか。

## おわりに

　「前事不忘　後事之師」──前の経験を忘れず　後の教訓とする──
　戦争問題を語るとき、中国の人はよくこの言葉を用います。
　醜い戦争が起きたこと、侵略をされた歴史、その恨みは忘れずにしかしそこから"教訓を得る""学ぶ"ということです。侵略された歴史を忘れない、忘れさせない教育。日本の軍国主義思想の復活に対する厳しい監視と徹底した批判。中国の人たちはその言葉どおりに実践してきました。戦争を二度と繰り返さないために──。
　侵略をされた側である中国の人々が教えてくれたこの言葉の意味を、侵略した側である日本の私たちは、深く受けとめ考えるべきではないでしょうか。

　「以民促官」──民を以って官を促す──　との言葉を、昨年訪中した際に、いくたびか中国の人から聞きました。その"とき"がきているのだと、彼らは言いました。中国にも、日本にも、"人間の名誉にかけて"真の平和と正義を求める人がいます。そして世界中に平和を求める願いは渦巻いています。何によっても消し去ることはできないものです。

　いまを生きる私たちは確実に過去と未来のあいだに存在し、過去から学ぶことも、現在を見つめることもできます。そして、人間として、地球に生きる一人一人として、未来を創造していくことができる"同志"なのです。ひとつに繋がった平和への願いは、必ず世界を変えていける、無関心や無理解をなくし、銃や兵器をなくしていけるのだと私は信じています。

**【参考文献】**
国際交流研究所（大森和夫・弘子）編著『中国の1万2967人に聞きました。』（日本僑報社、2002年）

# 第5章

シンポジウム "Youth Discussion for Friendship of Asian People"

# 「戦後補償」
# 知り、考え、動く明日に向けて
~パネル・ディスカッションの記録~

山本千晴

# PROLOGUE

世界各地で、紛争がいまだ絶えずに続いている現実。2001年の9・11事件以降、あるいはアメリカによるイラク爆撃を契機として、これまでそういった問題に無関心とされてきたわたしたち日本人の間に、「戦争」を取り巻く事柄について、発言をすることやそれに耳を傾けることに対する積極性のようなものが生まれつつあるように思います。そしてそれらは、当たり前のことながら、「戦争反対」という意見に集約されるようなものであるはずもありません。多様な立場から出される意見を前にして、絶対的な答えなど存在しないながら、どうすれば、それでもより誤りの少ない、できることならより真理に近い答えを自らの中に見出すことができるのでしょうか。この問いに対する解答のひとつが、「歴史認識」にあると、わたしは考えます。「いま、わたしたちがとるべき選択」や「これからわたしたちがたどる道」という、ある種不確かなものに比べ、「これまでわたしたちがしてきたこと」、「過去に存在した事実」というものは、ある程度の客観的な検証を可能なものとして受け容れ、その検証過程や検証結果からわたしたちは「歴史認識」を手にすることができます。そしてその歴史認識は、ひとつのコンパスとなって、「わたしたちがいま立っている場所」、「わたしたちがこれから進む道」を探る際の大きな助けとなるはずです。そして、そうした羅針盤をひとつ、わたしたちアジアの若い世代が共有できたなら、これからのアジアの国際関係は、これまでとは違った発展を遂げることができるだろうし、また、そうでなければならない、と思います。

以下は、そうした試みのひとつとして開催された、シンポジウム「YOUTH DISCUSSION FOR FRIENDSHIP OF ASIAN PEOPLE」（2003年6月14日、早稲田大学）における発言の記録と、同じように戦後補償の問題を抱え、日本政府や日本企業とは異なる対応をしてきているドイツからこの問題を眺めたわたしの感想です。

このシンポジウムを開催するに際してわたしたちは、(1) 戦争被害（個人に対する被害）の多様性と継続性について理解を深める、(2) 被害者が何を求めてきたのか、そしてそれに対して国がどのように対応してきたのかについて理解を深める、(3) 現代に生きる世代にとって、この問題がどのように自分たちにかかわるのか、そしてどのようにこの問題を、とくに若い世代の人たちに伝えていけばよいのかについて考える、(4) 戦後補償問題にどのように

向きあい、どのような方向性の解決を目指すのかについて考える、(5)戦後補償問題に関心のある人々と交流する、(6)戦後補償問題をどのようにとらえ位置づけたらよいのかについて、様々なバックグラウンドをもつ人々と意見交換する、ということを主な目的として設定しました。

これらの目的が、このシンポジウムを通じてどれだけ達成・獲得されたのか、それはこのシンポジウムという一回性のものが、それを種子として今後どれだけの根を張り、どんな枝葉をつけていけるか、ということによってのみ測れると思っています。このシンポジウムが、「未来創造」の一端を担うことを願いつつ。

## PANEL DISCUSSION

| パネリスト |
| --- |
| 藤澤整（ふじさわ・せい）<br>　1971年生まれ。弁護士（中国人戦争被害賠償請求事件弁護団）。<br>木村高志（きむら・たかし）<br>　1970年生まれ。雑誌『Stage』編集長（http://homepage2.nifty.com/stage/）。<br>海南友子（かな・ともこ）<br>　1970年生まれ。ドキュメンタリー制作『Mardyiem ～彼女の人生に起きたこと』<br>　（http://www.kanatomoko.jp.todoke.net/）。<br>謝均（シエ・ジュィン）<br>　1977年生まれ。中国人留学生（一橋大学大学院）。<br>宋恵淑（ソン・ヘスク）<br>　1976年生まれ。在日本朝鮮人人権協会（http://www.k-jinken.ne.jp/）。<br>司会：馬奈木厳太郎（プロフィールは巻末参照。） |

　まず、ディスカッションに先立って、被害事実やその多様性・継続性について、インドネシアの「慰安婦」問題について海南氏、中国の遺棄毒ガス問題などについて藤澤氏、朝鮮の強制連行と戦後の在日コリアンの方への差別について宋氏からの紹介がなされました。
　賠償要求の例として、たとえばインドネシアの被害者の方々が求めているこ

ととしてあげられたのは、第1に、日本国政府の公式な謝罪というものでした。第2に、個人に対する補償・賠償があげられましたが、これは、本来は失った時間のすべてを取り戻したい、けれども、それは不可能だから、それをお金という形にかえたうえで、という意味合いが込められています。第3点目として、次世代への語り継ぎが言及されました。これは日本が戦争中にアジアの人々にもたらした被害について考えることを「自虐史観」と呼ぶような言論に対して、それは、彼女たちの歴史を全否定しようとする試みである、という観点からのアンチテーゼとなっています。

これらの要求のいずれにもいまだに日本政府は正面から応えようとしていないのですが、そうした日本政府の対応に対して、中国では、一般世論は戦後補償に対して基本的には「未解決」という認識だが、「もっと未来に目を向けよう」という主張もなされてきているということ、しかしながら若い世代、とくに大学生といった層は日本政府に批判的であるということが、また、朝鮮半島においては、真の友好関係を築くには、国民の間に日本政府に対する根強い不信感があり、道のりは遠いと感じる、といった現状報告がなされました。

## それぞれの原点

**司会** 今、報告されたような現状を前にして、ではわれわれ日本人は、日本人としてどのようにこの問題を受け止めればいいのか、受け止めるべきなのか、あるいは、なぜ、こういった問題に取り組むようになったのか、ということについて、日本人のパネラーの御三方にお話していただきたいのですが、いかがですか。

**木村** わたしは「20-30代の言葉・現象・作品を記録するカルチャー＆オピニオンマガジン」というコンセプトで雑誌の編集をしているのですが、9・11の同時多発テロ後にアメリカによるアフガニスタンへの報復攻撃があったときに、平和に関する特集を組んだんですね。日本人として、ということではないですが、20-30代に向けた雑誌づくりにかかわっている人間として、過去の問題をどう、いまの時代、同世代に伝えていくか、というのは自らの課題として持っています。

**海南** わたしがこの問題に取り組むようになったきっかけは、中学生の時に学校の授業で「慰安婦」の新聞記事を読んだことです。自分の周りの男性とい

えば祖父や父といったやさしい男性ばかりで、そんな怖いことがあったなんて、恐ろしかったし信じられなかったです。それで、授業中に先生に「『慰安婦』の話は本当のことですか？」と訪ねたら、「本当にあったことだし、被害者もいっぱいいるけど、政府がその事実を認めず、なかったことにしています」と答えてくれたんです。「慰安婦」の話自体もショックだったけど、それをなかったことにしている政府というのも、衝撃的で、ずっと引きずっていました。それがこういう問題にかかわるようになったひとつの契機ですね。私は、戦後の世代ですが、日本人としての自分の責任を感じる時があります。日本人は、いまインドネシアや韓国に遊びに行って、現地の人と交流していると思いますが、過去の歴史を知らないままで、遊びに行って、日本の過去の戦争の事を知っている現地の人々に、心の底からうけいれられているのかと、疑問に思っています。わたしはインドネシアの元「慰安婦」のドキュメンタリー映画を製作したんですが、大学の授業などに呼ばれて映画を上映すると大半の学生が、「『慰安婦』について知らなかった。日本人はこの事実と向き合うべきだ」という感想を寄せてきます。日本で、普通に暮らしていると、こういう問題を知る機会がない、目をそむけて生きていける社会だということです。このままでは、アジアで将来的に日本人が孤立するんじゃないかという心配もあって、こういう活動をしています。

**藤澤** 実はわたしは、弁護士になるまで遺棄ガスや強制連行といった問題に関心も興味もまったくなかったんです。が、毒ガスの被害者の方の話を聞いてまさに劇的に変わったんです。「可哀そう」という言葉はあまり適切じゃないのかもしれないけれど、あまりに酷い。悪いのは日本政府なのは明らかなんです。それなのに、まるで何か雷に打たれたかのように諦めなきゃいけないのかという思いが、話を聞いているうちに湧き上がってきました。「若い世代は」と構える必要はないとわたしは思うんですけれども、それでも、あまりにわたしたちの世代は知らされてこなかった、という事実があると思っています。

**司会** では、被害にあわれた世代とは違う世代として、にもかかわらずこの戦後補償にかかわるようになった原点、あるいは、現代を生きる世代に、戦後補償問題はどうかかわるか、どう受け止めていくのか、といったものを御二方にお話いただけますか。

**謝** わたしもやはり、被害者の話を聞いて、この問題にかかわるようにな

第5章 「戦後補償」 知り、考え、動く明日に向けて

りました。今この問題に取り組んでいるのは、一人の中国人として、微力ながら何かできれば、という気持ちからという部分が大きいです。

　わたしが中国の大学にいたとき、留学で来ている日本人と知り合ってそこそこ仲良くなっても、あの戦争についてどう思っているのかとか、戦後補償問題をどう考えているのか、といった歴史認識を聞くという踏み込んだことは、できませんでした。だからもっとそういうことを積極的に話し合う機会があればいいと思います。

　**宋**　わたしは大学までずっと朝鮮学校に通っていたんですけれど、その通学でチマチョゴリを着て歩いていると、「朝鮮に帰れ」という言葉を浴びせられたり、嫌がらせをされることは、日常茶飯事でした。だから、そういうことに慣れてさえいたのです。でもそのうちに、日本人は「朝鮮」って言った場合に、具体的にどこのことをさしているのか、意識していないのではないか、という疑問を持つようになりました。

　また、朝鮮高校を出ていても、日本の高校卒業の資格はもらえないので、日本の大学に行こうと思った場合には、大検を受けなければいけないんですけれども、わたしも大検を受けるために、都立高校の通信制に通って勉強していました。そしてそこで初めて日本の歴史の教科書を目にしました。いわゆる受験対策ですから、日本の高校生が一番使うんじゃないかな、と思われる教科書です。でも、この教科書には、ほとんど在日朝鮮人の存在や「従軍慰安婦」の問題についても書かれていませんでした。しかも先生も、「受験には出ないから、こうした問題までは覚えなくていい」というようなことを言われていたので、じゃあ日本人の若者は、こういったことを学ぶことなく生きてしまっているんだ、生きていけるんだと感じました。だから、もっと日本の人たちに在日朝鮮人のことを知って欲しいし、そのためには、わたしたちのルーツから、わたし自身が学ぶ必要があるし、学びたい、と思ったんです。では、なぜ日本人にわたしたちのことを知らせたいのかというと、やはりわたしは率直に言って、日本人の人たちと仲良くしたい、という感情からです。わたし自身、朝鮮学校にずっと通っていて、日本人の友だちがほとんどいないまま過ごしてきました。でも、日本人の友だちがいないでどうやって日本という社会で生きていくのか、ということを考えた場合に、わたし自身は自分のアイデンティティーやルーツを大事に思う一方で、同じアジアに生きる人間として、隣人として、どのよう

にともに平和を構築していくかを一緒に考えていきたいし、国境を越えて付き合っていきたい、という気持ちが強くあります。

### どう広げ、どう伝えていくのか

**司会** では、こうした問題を、どう広げ、どう伝えていくかということが、わたしたちの大きな課題としてあると思うんですけれども、この点について、どなたかご意見いただけますか。

**海南** わたしは、こうした問題を「今」考えるということは、とても大切だと考えています。9・11同時多発テロ以降、アフガニスタンへの侵攻、イラク戦争と続いていて、戦争と自分たちの日常というのが、すごく近くなっていると思うんです。実際、アフガニスタンとイラクに対しては、わたしたちは、それを望むと望まないとにかかわらず、加害者の立場として、お金も出して、アメリカをサポートしてしまったわけです。わたしたちは加害者だからこそ、そこで行われているひどいことに目をそむけずに、きちんと知ろうとしなければいけない。戦後補償の問題も、今の安全保障の問題も、戦争って何だ、国家って何なんだ、ということを考えるとても今日的な問題ですよね。9・11事件以降、戦争がいやがおうにも身近になってしまった自分たちの日常で、何が重要かということを考えてみると、やはり、過去の戦争で何がおきたのかをきちんと知ることだと思うんです。それが、普遍的に「戦争」とか、「国家」がどういうものかということを知ることにつながるから。どんな戦争にも共通しているのは、国家っていうのは、国民ひとりひとりを守るのではなく、戦争すら行いうる権力の主体なんだということだと思います。勇ましく戦争を唱える偉い人はいつも戦場に行かず、タイミングを見て逃げてしまいますよね。それが国家と戦争の正体だと思うんです。そういうことに気がついたら、簡単に指導者や偉い立場にいる人の言動には乗らないで済むんじゃないか、と。

　それから、被害者の方の話を聞くことが重要なのは、被害者の声をきちんと知ることで、もしかしたら自分がその立場になるかもしれないと思ったら、安易に、「戦争ができる法律必要だ」という意見にはなかなかならないのでは、とも思うからです。戦後補償裁判においては、被害の立証というものを被害を受けた側がしなければいけない。けれど、戦争を始めるときには、戦争を始めていいかどうかなんて誰も、その人たちに聞きもしないですよね。戦争によっ

て引き起こされた被害の立証の責任をその人たちに負わせるなんておかしいと思います。いろいろな意味で、今日起きてる戦争、これから起こるかもしれない戦争に、あなたの国はどうかかわるのか、あなた自身はどうかかわるのですか、ということを考える契機が、戦後補償裁判にはあると思います。ぜひ多くの人に考えて欲しいんです。

**司会** 今のお話は、現代と過去というものが必ず結びつくという視点が明確に出されていたのではないかと思いますが、かといって、この問題を若い世代に伝えていくのは、なかなか簡単なことではないと思います。しかし、今のお話にもあったように、今、この問題を、若い世代も含めて考えることが大事なんだというのは、ここにいらっしゃる皆さんに共通した思いですよね。そこで、若い世代にこのような問題を伝えていく際の、経験的な悩み、といったものをお話いただけますか。

**木村** わたしが雑誌を作る際に心がけているのは、どんな社会的なテーマにしても、「個人レベル」の問題と「政府、国家レベル」の問題があると思っています。その中で、個人としてできることで言えば「戦後補償問題」といったときの、その「問題」という部分を解体したいということなんです。つまりどういうことかというと、「〇〇問題」と言ったとたんに、読者にはその言葉が全然響かなくなると感じているんですね。わたしは言葉を伝えたいので、ひとりひとりの「物語」「ストーリー」にどう触れていくのかが大事だと思って雑誌づくりをしています。それから、やはり同世代の言葉は、ストレートに読者に伝わりやすいのではないかと考えて、取材対象も全員20–30代です。一方で、「政府、国家レベル」への働きかけは、一雑誌でどうにかできるものではありません。でも、じゃあ編集者としてわたしに何ができるかということも考えました。それで、20–30代の国会議員など、政治にかかわる人を必ずひとりは誌面に登場していただいて、国会議員は特別な人ではないし、俳優やミュージシャンと同じレベルでかっこいいんではないかということを雑誌を通じて提言し、伝えていきたいと思っているんです。

**司会** 戦後補償の問題というのは確かに、内容は重いですよね。しかし、木村さんの言われるように「問題」という硬い捉え方をされたくないというのは、

わたしも思います。これはきわめて身近な事柄だと思うし、それを自分の世代のほかの人たちにも感じて欲しいな、と。たとえば、「有事法制」を作るのは、実際に、戦争に行かないような年代の人たちなわけですよね、しかし、実際に行くのは、わたしたちの世代だという現実。そこになかなか目が行かないのかもしれないけれど、今社会で起きている現象を、いかに自分の問題としてひきつけられるか、それは結局は想像力の問題だと思うんです。

　では、世論にどう訴えていくのかということに関してですけれども、その際に心がけていることは何かありますか。

**宋**　直接、戦後補償に関係ないことであっても、たとえば戦後責任をしっかり取ってこなかったツケが、日本の法制のそこここに温存されていて、それがぱっと「有事法制」のような形で出てきてしまうのだと思います。今日の日本の愛国心教育は、戦前の皇民化教育を彷彿とさせるものですよね。現在、多くの外国人が重労働者として日本に働きにきていて、彼らの子供たちまでが日本の学校で、日本への愛国心を強要されるのはおかしいと思います。だからたとえば、そのことに関して問題意識を持った人たちが意見交換の場をもって、その意見を世論に訴えていく、そのことを通して、これまで日本が取ってこなかった戦後責任というものを追求していく、というのもひとつのあり方ではないかと思います。先ほど木村さんから「物語性」ということが発言されましたが、やはり、自分の生きてきた記録をとどめておきたいという想いは、誰にもあると感じています。今わたしは、在日一世の人たちがどういう経験をしてきたのかという聞き取りをしていて、それを本にまとめています。この作業は、今の日本の若い世代と在日の若い世代が一緒になって行っていますし、これを記念館のようなものを作ってそこで公開するというような形にして、後世に伝えていきたいと思って活動しているんです。

### 解決の方向性

**司会**　この問題の責任というものを政府が認めていないなかで、戦後補償の問題はどういった形で、また、どういった視点から解決が目指されるべきなのだとお考えになりますか。まずは藤澤さんに弁護団の一員として、裁判の場でのお話をお伺いしたいのですが。

**藤澤**　訴訟をたたかっていて感じるのは、裁判そのものは、非常に勝つのが

難しいというのがたしかに現実ではあるということ、しかし、最近は裁判所の態度が、だんだんと変わってきている傾向にあるのではないかと、そういう印象があるんです。国の態度、日本政府の対応は、相変わらず事実の認否はしないという態度であるけれども、裁判所のほうは、事実は認定して国の違法行為を認定する、という判決も出されてきているし、国家無答責だとか、除斥といった論点についても、その合理性がないとする判決が出たり、国側の除斥の主張を認めない、といったような判決は出ているんです。といっても、ひとつひとつの論点は突破できても、全体として原告側が勝つというところまではいっていないのが現実です。そして、あとこの一歩を進めるのは、やはり世論の後押しなのではないかと思うんですよ。やはり国側を負かすというのは、裁判官にとっても並大抵のことではなく、相当の覚悟が必要でなんですね。もう出世はおろか、今の地位も危うくなるぐらいの危険をともなうわけです。そこで裁判官を力づけるのはやはり世論だろうし、そういう世論を国側としてもまったく無視はできないですからね。さらに言うなら、本当の解決は、裁判で勝ったからといってなされるものではないわけなんです。つまり、本当の解決をするためには、救済の制度などを作るといった補償立法を国がすることが必要だし、それは難しそうに思えるかもしれないけれども、これも世論の後押しがあれば可能であるとわたしは考えています。たとえば毒ガスの問題について、化学兵器禁止条約にともない2007年までに処理するという約束の下、日本から中国へ1000億円の予算がその処理のプロジェクトに回されているのに、そのうち1円たりとも被害者救済のためには当てられていないんです。そのうちの100分の1、1000分の1でも被害者救済に当てられたらどれだけの人が助かるか・・・。だから、当面経済的に苦しんでいる人たちを助けるためにそれらの予算を使わせるよう、世論を作っていきたいし、そのためにもぜひ裁判の傍聴に皆さんに足を運んでいただきたいと思いますので、どうかよろしくお願いします。

**謝** わたしは通訳としてこの活動に参加させていただいているので、その経験から話させてもらえば、多くの被害者の方たちは、経済的な賠償よりも精神的な救済というのをより強く望んでいるのではないかと感じるんです。日本政府としては、まず誠意のある反省・謝罪をして、そこで初めて、その次に賠償の話になると思います。慰安婦問題における「アジア女性基金」の例などにもありますが、外国からよく批判されているのは、反省もなく、ただ賠償だけ

でこういう問題を解決できるのかということですよね。わたしは直接の被害者ではないけれども、被害者が一番求めているのが、日本政府からの誠意ある謝罪・反省なんだということは、とても感じます。わたしが言いたいことは、つまり、とりあえず精神的な救済の面から何らかの形で被害者に対して、日本政府としてやってもらわなければいけない、そこからしか始まらないと感じているということなんです。

**司会** ありがとうございました。それではこのあと、会場の皆さんからの質問や意見を聞きながら、フロア・ディスカッションにはいりたいと思います。

## FLOOR DISCUSSION

**司会** わたしたち若い世代は、『戦争当事者』ではないために、ある意味しがらみがないところで、この問題を自由に、あるいは縛りのない立場で話し合えるのではないか、さらには、被害者の声に対して向き合うことができるのではないかという気がしています。そこで、次のフロア・ディスカッションでは、皆さんに活発に議論していただきたいと思います。

### 話しあうきっかけは？

**会場** 僕は去年大学を卒業したという世代なんですけれども、僕は、こういう問題を知り合いの人にしようとしたことがこれまでも何度かあったんです。で、ほとんど取りあわれなかったり、知らない、で終わってしまったんですが、一番印象深いのが「キモイ」という一言で切られてしまうことがあったことなんです。つまり、そう言われると、その議論そのものがもう進められなくなってしまうんですよね。こういう問題を受けつける意識、議論の土俵に乗ろうという意識は、どういう風に作り出して、それを共有していけるのかというのが知りたいんです。

一方で、権威とかそういう何か強いものに惹かれる、という傾向を自分の周りの若い人にも感じています。若いアーティストが、天皇のために歌ったりもしますよね。それに若い人もうまく取り込まれてしまう、そういう状況の中で、最初からバリアを張ってしまっている若い僕たちの世代の人間に問題意識を持

ってもらうには、反戦ということをテーマとした映画とか、そういう「かっこいいエンターテイメント」に頼るしか方法はないのですか。とくに、この点、木村さんにお伺いしたいのですが。

**木村** 「かっこいいエンターテイメント」と言うことでいえば、小説『GO』で直木賞を受賞した作家の金城一紀さんにわたしたちの雑誌で取材をしたときに、在日の若い世代の生き方について聞いたことがあるんです。彼は、通名使用することのほうが生きやすいんだったら、そういうところでつらい思いをするよりも「より高く飛ぶ」ことに重きを置いて生きて行けばいいじゃないか、自分は、そうやってエンターテイメントに携わっていくんだ、という趣旨のことを述べられているんですけれども、若い世代のあり方としては、それもひとつなのではないか、と僕も思っています。もちろん、歴史をすべて飛ばしてしまっていいということではないけれども、アプローチの仕方はいろいろであっていいと思うんです。その提示を、雑誌という媒体を使ってできればいいな、と。

そしてそれから、僕自身は、さっきも述べたように国会議員というあり方もひとつのエンターテイメントだと捉えています。そう捉えていくとこの問題も身近になるわけで、国会議員がかっこいい仕事になれば「キモイ」という発言も出てこないようになるのではないかと思うんです。雑誌の果たす役割というものにはどうしても限界がありますから、そうやって政治を身近なものとして捉えていく土壌をつくっていければ、と思うんです。

**司会** では、そうした問題関心がより広がっていくためのアイデアとして、何かありますか、という質問もでてるんですが、海南さんなどいかがでしょう。

**海南** ドキュメンタリー映画の『ボーリング・フォー・コロンバイン』とか、桑田圭祐の『Rock and Roll Hero[1]』というものを見ると、やはり芸術の力の大きさを感じますね。『ボーリング・フォー・コロンバイン』は、ドキュメンタリーなんだけど、過激でかなり楽しめる映画ですし、桑田圭祐さんの歌詞も、かなり結構過激なことを書いている。なのに、若い人の心にすっと入っていきやすいですよね。だから、そういうものと連携して運動を展開していくのはと

---

1 アメリカの庇護のもとにどんどんきな臭くなっていく日本への憂いと皮肉をこめた歌詞が評判となったもの。

ても有効なことだと思うんです。それから、やはりこういうシンポジウムにまず一度参加してもらうというのが非常に重要だと思います。一度こういう場に来ると、そこでまた別のシンポジウムなり勉強会なりのチラシを目にして、そこから次へのステップがあるけど、まずここの場にたどり着かないとどこにもたどり着けない現実があると思うんです。だから、これは宣伝方法ということになりますけれども、まずは会場の場所や、やり方などを含めて若い世代がアクセスしやすい設定をしていく必要があります。デザインとか、言葉の選びかたって、小手先に見えるかもしれないけど、きっかけを提供する際には大事なことだと思っています。

**司会** 世界的・国際的な連携や広がりという点から、宋さんに一言お願いします。

**宋** たとえば、女性に対する暴力を今日根絶していくという点から言えば、「従軍慰安婦」問題と、今日起こっている問題との共通性を探っていっているところです。とくに、女性に対する差別や暴力にはいろいろな形態があるけれども、「従軍慰安婦」というのは、戦争下における女性への暴力として位置づけられています。で、同じような状況のものにスリランカの女性問題が挙げられると思うんです。つまり、スリランカ政府とタミルとの間で和平合意がなされた、そのこと自体はいいけれども、これから「平和」という大きなものを勝ち取るんだ、という美名の下に、これまで女性に行われてきたいろいろな暴力が、うやむやになされてはいけない、と思っています。また「従軍慰安婦」と同じ状態が起きてはいけない、と。だからそのためにも、さまざまな問題の共通性を探るということが、運動を世界的に広げる際には大きな役割を果たすだろうと考えているんです。世界的な視野で、現在おきている似たような問題と、日本の政府の抱える問題を絡めて、日本政府がそういう問題を放置してきた国家のひとつであるということを引き立たせ、そういうプレッシャーをかけるかたちで日本政府に対しても訴えていきたいと思っています。

### メディアは何を伝えているか

**会場** メディアが戦後補償についてどう伝えているかということに関心があるんですが、来日していた韓国の盧武鉉(ノ・ムヒョン)大統領が、市民と対話するという番組の中で「過去のことはわたしは心の中にしまっておくから、あなたたちが解決

してください」という趣旨のことを述べられていたんですね[2]。ですけれども、それを受けてたくさんのメディアにそれが「未来志向」だとして評価されたとき、じゃあその「未来志向」が意味することは何なのかということが、疑問として感じられました。マスコミは、自分たちの勝手な解釈で大統領の言葉を伝えているのではないか、という風に感じるんです。つまり、韓国の大統領は未来志向である、だからもうこの問題は解決済みなのだ、という方向にもって行っているのではないか、と。そしてそれ以前に麻生氏の発言[3]とかあったりしても、それを失言ということで終わらせてしまっているその一方で、いままだ終わっていないものとして、「北朝鮮問題」を前面に打ち出していますよね。とくにワイドショーなどでは毎日あおるかのように、この問題を報道していて、完全に対決姿勢をとっているという印象を受けるんです。日常的な会話の中で、「戦後補償問題」について話題になることはまれだという一方で、「北朝鮮問題」は、家庭の中で普通に話されるのではないか、と思うわけです。そして、「北朝鮮問題」を語る際に、今の世論的な流れでは戦争につながる考えは持っても、反戦につながる考えはなかなか持たないのではないか、という危機感を覚えています。こういうメディアの姿勢にどう向き合ったらいいのか、そして、そういう状況の中で、身近な人たちにどう反戦を訴えていけばいいのか、ということをお聞きしたいのですが。

**会場** わたしは、「キモイ」ということを初めてここで聞いたような世代なんですが、こういうことを言う人は、おそらく、そういう話は日常で語る話ではない、つまり「タブー」なんだという意識なんではないか、と思うんです。そうでなくても暗い毎日で、そういう「やばい」話をすると自分の明日が暗くな

---

[2] 2003年6月6日に来日した盧武鉉・韓国大統領が、同月8日、TBSテレビの日本の市民との対話番組に出演し、「（日韓関係は）未来をいかに導いていくかにかかっている。未来をうまく導いていけば、過去の歴史はあくまで過去の記録になるだけだ」と述べ、日韓の市民にともに未来志向の関係をつくっていこうと訴えたもの。

[3] 自民党の麻生太郎政調会長が、2003年5月31日に東大の学園祭の講演で、歴史認識についての質問に答える形で創氏改名について発言し、日本が日韓併合時代に行った創氏改名について、「当時、朝鮮の人たちが日本のパスポートをもらうと、名前のところにキンとかアンとか書いてあり、『朝鮮人だな』といわれて、仕事がしにくかった。だから名字をくれ、といったのがそもそもの始まりだ」と語ったもの。

るよ、だからそういう話しには自分は触れないよ、という。じゃあその「タブー」は個人的な問題なのか、これを考えると、今、社会的にメディアが総力を挙げてこういう話題をタブー視している、というバックグラウンドが見えてない人が多いのではないかと思うんです。「強制連行」がタブーなら、なぜ「拉致問題」は市民権を得ているのか、こういう見事な二分化をして言論を統制している、そのことが見えるか見えないか、見ようとするかしないか、ということなんだと思うんです。「北朝鮮問題」に対して、「ミサイルの脅威」を盛んに言い立てて、菊のご紋を持ち出してきている。明らかにこれは政治行為です。この狙いは、もちろん「有事法制」の成立の推進などがあると思うけれども、そうやって世論が作られているという今の社会構造を見る目を持っているか、そういう問題だと思うんです。

**司会** 報道の問題、メディアの問題ということについて、少しわたしの方からも発言させてください。アメリカが9・11事件の後に、団結心や連帯をあおったわけなんですが、確かに報道規制をしたということもあったんですけれども、ハリウッドや配給会社が自主的にその宣伝になるような映画を製作・配給したり、歌手が『ゴッド・ブレス・アメリカ』を歌えることは誇り高いことなんだと言って、こぞってそれを歌うというような、そういう事態が起きたんですね。まさに、権威のある人が自ら進んで政府に協力し、その姿がメディアによってまた大々的に流される、という事態です。一方で、テロリストと目される人たちと同じ宗教であるとか、あるいは同じ出身地であるということから、暴行されたり、場合によっては殺害されてしまう。それから、アメリカの新聞では、当時、題字の上に一行メッセージを載せていたものもあるのですが、そこでも戦争の方向へ向かうようなメッセージが9・11事件のあと数日で起承転結のように流されたんですね。同じようなことは日本でも多かれ少なかれ、今もあると思うんです。たとえば「有事法制」が通った次の日の産経新聞で、社説で「有事法制」のことというよりむしろその先にある「イラク新法」についてそれを当面の課題として述べていて、そうやってもう次のターゲットにいってしまっていました。メディアの役割やあり方はいろいろあっていいと思うんですけれども、受け手がそれをどう受け止めるのか、ということは問われると思うんです。確かにわたしたちは、「タブー」とされることや、自分に関係のない何か暗い話題について、知らないでも過ごせてしまう。それは、見ない振

りをしているということもあるのかもしれません。しかしそこが問われるところなのではないでしょうか。これはいわゆる想像力の問題ですよね。自分のこととして考えられるかどうか、そういうリアリティーをもっているか、という。たとえば、アメリカのミサイルが落とされているときに、そこで市民が死んでいるのではないか、ということを考えられるかどうか。この想像力については、戦後補償の問題をどう伝えていくのか、ということを考える際に、どうやってその想像力を引き出し、そこに訴えていくか、という点で、やはり大事なんではないか、と思うわけです。それには、やはりこういったシンポジウムのチラシや場所や形態、という戦略的なことも絡んでくるわけですけれども、とにかくそこで被害の事実を「聞いてしまう」「知ってしまう」という体験をすること、そしてそこでどう向き合うか、が、何より大事なのではないか、と思うわけです。

## 被害者であること、加害者であること

**会場** 僕は、両親が沖縄人です。それで、よく戦争のことを話してくれた親の教育の影響もあって戦争のこととかにすごい興味を持つようになって、いろいろな団体に行って勉強をするようになりました。そこで大人から「無知は罪なんだ」というようなことを言われて勉強したけれども、中学校になってそこで勉強した「従軍慰安婦」問題などを友だちに話しても、やはり誰も知らなくて、悲しい気持ちになりました。でも、そういう人たちに限って、アメリカの起こした戦争やイラク戦争に批判的であっても、日本が昔、沖縄や朝鮮半島でなにをしたのか、ということに興味を示さなかったり、「従軍慰安婦」という言葉自体知らなかったりするんですよね。日本人の悪いくせなんじゃないかな、と思うのは、他人のことや他の国のことは責めても、自分の国のことには反省してないって感じるんですよね。そういう日本人の性質について、どう考えればいいのでしょうか。

**司会** この問題は、被害者であることと、加害者であることは、両立するのか、しないのか、という問題として、広島・長崎の問題とも絡んで論じられるものなのではないかと思うんですけれども、この点いかがですか。

**海南** 私は、被害者であることと加害者であることは両立する、と思います。どちらかだけが被害者で、どちらかだけが加害者だと切り分けることをやめる

ことが必要だと思っています。近代の戦争のほとんどの被害者は一般市民であり、加害者は、国家を運営している人——たとえば前の戦争ではその重要なファクトは天皇だと私は思っていますけれど——なのではないか、という点がひとつです。それから、もう1つは、たとえば今回のイラク戦争を例に取ると、戦争反対のデモに参加している人であっても、一方でアメリカ国債を買うことを通じて、実はそのお金がイラクへの爆撃に使われているという、構造的に戦争を支える仕組みになっていることになかなか気がつかないですよね。だから、今はそうやって大きなシステムにいつの間にか組み込まれてしまっているということを自覚していかなければいけない、という点があります。国単位で被害者、加害者を分けるのではなく、戦争で被害を受けるのは市民であり、戦争で利益を得るのは、大企業と、それで支持率を上げる政権担当者なんだ、という、そういう見方に切り替えていくことが重要だと思うんです。

**会場** 加害と被害の問題で、わたしの中で強烈に残っている話を紹介させてください。ある方の体験談なんですけれども、先の大戦のとき中国でとても残酷な行為、たとえば父親に娘を犯させたり、兄弟姉妹間で犯させたりする、日本軍の一部隊があって、その部隊が通り過ぎた後には、頭をザクロのように割られた中国人の屍骸とスイカくらいの大きさの石が転がっていた、というんですね。どういうことかというと、天皇から授かった銃や銃剣を中国人なんかに使うのはもったいないから、石で頭を割って殺したそうなんです。この話はとても象徴的だと思うんです。天皇などが文書で命令をするときは、被害者の顔も見えないし、手元にあるのは、人も殺せない紙切れに過ぎないわけです。それが軍隊組織の中で展開していくうちに、スイカ大の石となってしまうんですよね。この石で直接殺した日本兵も、誰かの命令でそれをやっているわけですが、この命令された人に、責任はあるのかということが議論されることがあります。わたしが思うのは、天皇から始まって、命令はどんどん下達されていくわけですが、そこにたどり着くまでに、その連鎖をどこかで断ち切る、どこかで逆転させていかない限り、天皇も、下位レベルの命令者も命令された人も加害者だろうし、その構造や連鎖を断ち切らないと、世の中は変わっていかないのではないか、ということです。

それから戦後補償の問題については、わたし自身はわたしが何を求めているか、ということを大事にしたいと思っているんですね。今の若い人たちが、自

分が日本人であるとか、自分が何者であるか、ということを意識せず、他人のことなんて関係ないと思っている限り、どんな問題にも入っていかないですよ。その壁はすごく厚い。その壁を打ち砕くには、その人自身が、自分が何者であるのかということを強く意識しなければならないと思います。私は戦後補償の裁判を通じて、日本人としての自分自身を見つめる作業をしたいというのが大きいです。

**司会** わたしは、この問題は、広島の碑にある「安らかにお眠りください、あやまちを繰り返しませぬから」という言葉に象徴的だと思うんです。原爆を落としたのは直接にはアメリカ軍であるけれども、それを落とさせてしまった責任、戦争を始めてしまったわれわれの責任、という意味合いが込められていますよね。それから沖縄の平和の礎を例に取ると、そこには沖縄戦で亡くなった方々の名が刻まれていますが、日本人に限らず、アメリカ兵の名前も、朝鮮から連れてこられた方の名前も書いていて、今もなお、沖縄県が予算をかけてその調査は続いています。そういう碑は、ドイツはもちろんのこと、世界にたくさん例がありますが、これは、歴史に刻んでいく、記憶していく、という意味と同時に、加害の側面と被害の側面を、過大評価も過小評価もすることなく見ていくということが大事な意味としてあるんだと思います。

一方で、具体的に被害を被った方がいることも事実であって、ではその人たちに対してどうすればいいのか、ということを考えていかなければならないわけです。で、そのとき、われわれ国民は、政府に謝罪や補償をさせるようにするために、何ができるのか、何をすべきなのか、ということをここで少し議論したいのですが。

## われわれに何ができるのか

**会場** わたしの個人的な体験なんですが、先日初めて戦後補償裁判の傍聴に行ってきました。傍聴に来てるのはやはりやや年配の方たちだったんですね。おそらく政府としては、被害者の方が寿命を全うするのを待ってる、あるいは風化するのを待っているような状況が実際にはあると思うんですけれども、そういうときに政府が一番嫌がるのは、わたしたち若い人たちがこういう問題に関心を持って、認識している、ということなんじゃないかと思います。それを、裁判を傍聴することで、国側に知らしめることができると思うし、傍聴するの

は驚くぐらい簡単だったので、ぜひ、関心ある方は傍聴に行って欲しいです。

**司会** そうですね、傍聴ツアー、これを機会に、企画したいですね。裁判の傍聴というのは、確かに、国に対するプレッシャーになりますよね。それから、裁判の場合どうしても時間がかかってしまうというのと、勝ち方に限界があるんですね。その場合、謝罪させるために何が効果的にできるかといえば、ひとつには補償立法というのがありますよね。包括的に網をかけないと、裁判だけでは被害のすべてに追いつかないんです。それでひとつ法律的な話をすると、今ここでももっぱら補償という言葉を使っていますが、「補償」というのは適法な国の行為に対してなされるものですから、実際には「賠償」という言葉をあてるべきなんだ、ということは注意しておいて欲しいです。で、補償立法の話に戻りますが、これは、被害者の方が生きているうちにやらないといけない。戦時においてはどこの国でも被害者がでるし、女性の暴行も行われるだろう、といって被害を相対化することはできないはずなんです。アメリカでもドイツでも、大統領や首相が謝罪し、補償立法なり賠償なりをしてるので、そういう面からも日本政府へのプレッシャーをかけていく必要があると思います。

次回はぜひ、こういう考え方に反対の人たちにも参加してもらって、またシンポジウムを開きたい、対話の場を持ちたいな、と思います。それでは、今日は長い時間ありがとうございました。

## EPILOGUE

> 過去を克服することが問題なのではありません。克服など決してできるわけはありません。過去はもちろん、後になってから変更したり、起こらなかったことにすることはできるものではないのです。しかし、いやしくもあの過去に対して眼を閉ざす者は、結局現在に対しても盲目となります。
> L.V.ヴァイツゼッカー『1945年5月8日、40年後の日に』

今回、わたしたちは、「過去の清算」をこえた「未来の創造」ということをひとつのテーマとしています。これは言うまでもないことですが、過去の事実を忘却するということではなく、むしろ過去を想起し、その記憶を未来につなげていきたい、ということです。

第5章 「戦後補償」 知り、考え、動く明日に向けて

しかし、さまざまな裁判や活動を通じて、これまで隠されてきた歴史的事実が掘り起こされ、国家が過去に行った行為を「過ち」として認めざるをえなくなったということが、同時に、現在の「自由主義」史観に代表されるような言論の流れを生み出してきたともいえるのではないでしょうか。つまり、それまでは、過去を否定することで歴史を忘却しようとしてきたのに対して、今日では、国家の歴史を部分的あるいは選択的に想起することで、「過去の正当化」「過去の清算」をしようという、いわば記憶の再構築がなされているという新たな局面をわたしたちは迎えているのではないか、ということです。しかし、わたしたちの目指す、記憶を未来につなげていくこととは、過去を歪曲することではありません。その意味で、私たちはふたつの潮流と対峙していく必要があるでしょう。ひとつが「忘却あるいは無関心」であり、もうひとつが「歪曲した過去の上書き」なのだと思います。

　もちろん、人間の記憶は一様ではありません。ひとつの事実についての評価もまた多様に存在します。しかし、「国民国家」の形成にともなって、その国民としての記憶、その国家における「公的な歴史」の存在が必要とされてきました。「国民国家の時代は終わった」とも言われる現在においてなお、わたしたちはひとつの共有した歴史認識、というものをいつのまにか持たされてきているのかも知れません。しかしそうして形成された過去の記憶あるいはイメージ、すなわち「公的な歴史」と、回想や証言といった形であらわれる個人的な記憶とがすれ違い、もしくは両者が矛盾し対立する場合、わたしたちはどのように「記憶」を共有することを目指していけばいいのでしょうか。戦後補償の問題を、現在における過去のイメージをめぐるせめぎ合いという観点でとらえたならば、ここでも私たちの記憶の共有の可能性が中心的な問題となるのではないでしょうか。そのためには、まず前提となる第一歩として、過去を自分たちの問題としてとらえる「目」が必要になってくると思います。忘却や無関心という態度からは、決してそういう「目」を持つことはできないでしょう。そしてまた、シンポジウムの発言でもあったように、私たちが被害者と加害者という枠組みを超えてこうした問題に立ち向かっていくべきであるとすれば、その「記憶」はどのようにして人類全体のものとして理解されることが可能なのか、ということも考えなければならないでしょう。

　ここで、わたし自身が注意したいのは、わたしたちは、日本人としてわたし

たち自身が許されるために記憶を刻むのではないのではないか、ということです。そういう態度から生まれる過去の事実の想起は、結局、今の権威的な秩序の中に組み込まれた「過去の上書き」に取り込まれてしまう危険性があると思うからです。その際、過去の事実を、事実として、ありのままに記憶していくこと、それに対して反省していくことはもちろん重要です。しかし、どうしても生じるであろうズレや空白に対してどう立ち向かうのか、ということも考えていかなければならないでしょう。わたしはそこで重要になってくるのは、「未来志向」なのではないか、と思います。シンポジウムの議論の中でも、一体「未来志向」とは何なのか、というような議論がありましたが、わたしがいまここでのべている「未来志向」、つまりわたしにとっての「未来志向」とは、現状肯定に陥ることなく、批判的な視座を持つこと、そして過去を忘却・放棄するのでもなく、あるいは過去に従属したり甘んじたりすることもなく、過去に起こった事実や過去に行った行為をつねに新たな意味を担う「今」あるいは「今の問題」として歴史を位置づけ、それに向き合っていく、という態度です。その意味での「未来志向」的な記憶の想起がもたらすものとして、わたしはここでいま3つのことを思っています。1つには、「現在」というものを積極的に変革してゆく批判的な態度。2つめには、「過ちを冒さずに起こりえたかもしれない可能性」と「起こりえた過去の可能性を摘みとってしまったもの」が何であったのかを描きだしてゆける歪みのない歴史認識。そして、3つめには、それに裏打ちされた、「現在」とは異なる「今」へと歴史を導いたかもしれない過去の決定的瞬間と舵取りを探り当てようとする想像力。「現在」がその可能だったはずの状況でないならば、わたしは、それを遠くない自分たちの「未来」のものとして創造してゆく責任を自らのものとしたいと考えています。

　それから、最後にもうひとつ、わたしが歴史にとどめておかなければならないと思うのは、国家の過ちを明らかにしようという動きそのものが過去何十年にわたって、国家によって、ときには暴力的に抑圧されてきたという事実です。わたしたちは、それにひるむことなく闘ってきた先人のバトンを受け取って、これからを担う世代の責任を果たしていかなければならないのではないでしょうか。

未来創造としての「戦後補償」──「過去の清算」を越えて

戦後補償訴訟
中国人原告の
皆さん

## 戦争・戦後補償裁判 一覧表

| | 訴訟名 | 係属 | 提訴・控訴・上告 | 判決・取下 | 確定 |
|---|---|---|---|---|---|
| 1 | 孫振斗・手帳裁判 | 福岡地裁 | '72. 3. 7 | '74. 3.30 認容 | |
| | | 福岡高裁 | '74. 4.12 | '75. 7. 7 認容 | |
| | | 最高裁 | '75. 7.31 | '78. 3.30 認容 | 確定 |
| 2 | 台湾人元軍属軍事郵便貯金時価支払請求訴訟 | 東京地裁 | | '77. 1.26 棄却 | |
| | | 東京高裁 | '77. | '78. 5.23 棄却 | |
| | | 最高裁 | '78. | '82.10.15 棄却 | 確定 |
| 3 | 千代田生命生保支払請求訴訟 | 東京地裁 | | '78. 1.26 棄却 | |
| | | 東京高裁 | '78. | | 確定 |
| 4 | 国庫債券支払請求訴訟 (香港) | 東京地裁 | | '80. 3.25 棄却 | |
| | | 東京高裁 | '80. | | 確定 |
| 5 | 台湾人戦時貯蓄債券支払請求訴訟 | 東京地裁 | | '80.10.31 認容 | |
| | | 東京高裁 | '80. | '84. 7.30 認容 | 確定 |
| 6 | 台湾人軍票時価払い戻し請求訴訟 | 東京地裁 | | '80.11.17 棄却 | |
| | | 東京高裁 | '80. | '82. 4.27 棄却 | 確定 |
| 7 | サハリン残留者帰還請求訴訟 | 東京地裁 | '75.12. 1 | '89. 6.15 取下 | 確定 |
| 8 | 台湾人元日本兵士戦死傷補償請求訴訟 | 東京地裁 | '77. 8.13 | '82. 2.26 棄却 | |
| | | 東京高裁 | '82. | '85. 8. 2 棄却 | |
| | | 最高裁 | '85. | '92. 4.28 棄却 | 確定 |
| 9 | サハリン残留韓国人補償請求訴訟 | 東京地裁 | '90. 8.29 | '95. 7.14 取下 | 確定 |
| 10 | 韓国太平洋戦争遺族会国家賠償請求訴訟 | 東京地裁 | '90.10.29 | | |
| 11 | 在日韓国・朝鮮人援護法の援護を受ける地位確認訴訟 (鄭商根さん裁判) | 大阪地裁 | '91. 1.31 | '95.10.11 却下 | |
| | | 大阪高裁 | '95.10.20 | '99. 9.10 棄却 | |
| | | 最高裁 | '99. 9. | '01. 4.13 棄却 | 確定 |

| | 訴訟名 | 係属 | 提訴・控訴・上告 | 判決・取下 | 確定 |
|---|---|---|---|---|---|
| 12 | 堤岩里事件公式謝罪・賠償義務確認請求訴訟 | 東京地裁 | '91. 7.15 | '99. 3.26 休止満了 | 確定 |
| 13 | サハリン上敷香韓国人虐殺事件陳謝等請求訴訟 | 東京地裁 | '91. 8.17 | '95. 7.27 | 確定 |
| | | 東京高裁 | '95. 8. 9 | '96. 8. 7 棄却 | |
| 14 | 日本鋼管損害賠償請求訴訟<br>(金景錫さん裁判) | 東京地裁 | '91. 9.30 | '97. 5.26 棄却 | 確定 |
| | | 東京高裁 | '97. 5.29 | '99. 4. 6 和解 | |
| 15 | 韓国人BC級戦犯国家補償等請求訴訟 | 東京地裁 | '91.11.12 | '96. 9. 9 棄却 | 確定 |
| | | 東京高裁 | '96. 9.19 | '98. 7.13 棄却 | |
| | | 最高裁 | '98. 7.14 | '99.12.20 棄却 | |
| 16 | アジア太平洋戦争韓国人犠牲者補償請求訴訟 | 東京地裁 | '91.12. 6 | '01. 3.26 棄却 | |
| | | 東京高裁 | '01. | '03. 7.22 棄却 | |
| | | 最高裁 | '03. 8. 4 | | |
| 17 | 強制徴兵・徴用者等に対する補償請求訴訟(韓国江原道遺族会訴訟) | 東京地裁 | '91.12.12 | '96.11.22 棄却 | 確定 |
| | | 東京高裁 | '96.12. 6 | '02. 3.28 棄却 | |
| | | | | '03. 3.28 棄却 | |
| 18 | 金順吉三菱造船損害賠償請求訴訟 | 長崎地裁 | '92. 7.31 | '97.12. 2 棄却 | 確定 |
| | | 福岡高裁 | '97.12. 9 | '99.10. 1 棄却 | |
| | | 最高裁 | '99.10. | '03. 3.28 棄却 | |
| 19 | 援護法傷害年金支給拒否決定取消訴訟<br>(在日韓国・朝鮮人 陳さん石さん裁判) | 東京地裁 | '92. 8.13 | '94. 7.15 棄却 | 確定 |
| | | 東京高裁 | '94. 7.26 | '98. 9.29 棄却 | |
| | | 最高裁 | '98.10.13 | '01. 4. 5 棄却 | |
| 20 | 浮島丸被害者国家補償請求訴訟 | 京都地裁 | '92. 8.25 | '01. 8.23 一部認容 | |
| | | 大阪高裁 | '01. 9. 3 | '03. 5.30 棄却 | |
| 21 | 対日民間法律救助会不法行為責任存在確認等請求事件<br>(日帝侵略の被害者と遺族369人の謝罪請求訴訟) | 東京地裁 | '92. 8.28 | '96. 3.25 棄却 | 確定 |
| | | 東京高裁 | '96. 3.26 | '99. 8.30 棄却 | |
| | | 最高裁 | '98.10.13 | '03. 3.27 棄却 | |
| 22 | 対不二越強制連行労働者に対する未払賃金等請求訴訟 | 富山地裁 | '92. 9.30 | '96. 7.24 棄却 | 確定 |
| | | 名古屋高裁金沢支部 | '96. 8. 6 | '98.12.21 棄却 | |
| | | 最高裁 | '98.12.25 | '00. 7.11 和解 | |

| | 訴訟名 | 係属 | 提訴・控訴・上告 | 判決・取下 | 確定 |
|---|---|---|---|---|---|
| 23 | 金成寿国家賠償請求訴訟 | 東京地裁 | '92.11. 5 | '98. 6.23 棄却 | |
| | | 東京高裁 | '98. 7. 6 | '00. 4.27 棄却 | |
| | | 最高裁 | '00. | '01.11.16 棄却 | 確定 |
| 24 | シベリア抑留在日韓国人国家賠償請求訴訟(李昌錫) | 京都地裁 | '92.11. 9 | '98. 3.27 却下 | |
| | | 大阪高裁 | '98. 4. 1 | '00. 2.23 棄却 | |
| | | 最高裁 | '00. | '02. 7.18 棄却 | 確定 |
| 25 | 釜山従軍慰安婦・女子挺身隊公式謝罪請求訴訟 | 山口地裁下関支部 | '92.12.25 | '98. 4.27 一部認容 | |
| | | 広島高裁 | '98. 5. 1 | '01. 3.29 棄却 | |
| | | 最高裁 | '01. 4.12 | '03. 3.25 棄却 | 確定 |
| 26 | フィリピン「従軍慰安婦」国家補償請求訴訟 | 東京地裁 | '93. 4. 2 | '98.10. 9 棄却 | |
| | | 東京高裁 | 98.10.23 | '00.12. 6 棄却 | |
| | | 最高裁 | '00.12.20 | | |
| 27 | 在日韓国人元従軍慰安婦謝罪・補償請求訴訟(宋神道) | 東京地裁 | '93. 4. 5 | '99.10. 1 棄却 | |
| | | 東京高裁 | '99.10. 7 | '00.11.30 棄却 | |
| | | 最高裁 | '00.12.12 | '03. 3.28 棄却 | 確定 |
| 28 | 光州千人訴訟 | 東京地裁 | '93. 6.30 | '98.12.21 棄却 | |
| | | 東京高裁 | '98.12.21 | '99.12.21 棄却 | |
| 29 | 香港軍票補償請求訴訟 | 東京地裁 | '93. 8.13 | '99. 6.17 棄却 | |
| | | 東京高裁 | '99. | '01. 2. 8 棄却 | |
| | | 最高裁 | '01. 2. | '01.10.16 棄却 | 確定 |
| 30 | 在日韓国人姜富中援護法の援護を受ける地位確認訴訟 | 大津地裁 | '93. 8.26 | '97.11.17 却下 | |
| | | 大阪高裁 | '97.11.21 | '99.10.15 棄却 | |
| | | 最高裁 | '99.10. | '01. 4.13 棄却 | 確定 |
| 31 | 人骨焼却差止住民訴訟 | 東京地裁 | '93. 9. 2 | '94.12. 5 棄却 | |
| | | 東京高裁 | '94.12.16 | '95.12.20 棄却 | |
| | | 最高裁 | '95.12.27 | '00.12.19 棄却 | 確定 |
| 32 | オランダ人元捕虜・民間抑留者損害賠償請求訴訟 | 東京地裁 | '94. 1.24 | '98.11.30 棄却 | |
| | | 東京高裁 | '98.12. 2 | '01.10.11 棄却 | |
| | | 最高裁 | '01.10. | | |
| 33 | 金成壽恩給請求棄却処分取消請求訴訟 | 東京地裁 | '95. 1.18 | '98. 7.31 棄却 | |
| | | 東京高裁 | '98. 8. 4 | '99.12.27 棄却 | |
| | | 最高裁 | | '01.11.16 棄却 | 確定 |

| | 訴訟名 | 係属 | 提訴・控訴・上告 | 判決・取下 | 確定 |
|---|---|---|---|---|---|
| 34 | イギリス等元捕虜・民間抑留者損害賠償請求訴訟 | 東京地裁 | '95. 1.30 | '98.11.26 棄却 | |
| | | 東京高裁 | '98.11.26 | '02. 3.27 棄却 | |
| 35 | 韓国人元BC級戦犯公式謝罪・国家補償請求訴訟 | 東京地裁 | '95. 5.10 | '99. 3.24 棄却 | |
| | | 東京高裁 | '99. 4. 6 | '00. 5.25 棄却 | |
| | | 最高裁 | | '01.11.22 棄却 | 確定 |
| 36 | 鹿島花岡鉱山中国人強制連行等損害賠償請求訴訟 | 東京地裁 | '95. 6.28 | '97.12.10 棄却 | |
| | | 東京高裁 | '97.12.11 | '00.11.29 和解 | 確定 |
| 37 | 中国人「慰安婦」第1次訴訟 | 東京地裁 | '95. 8. 7 | '01. 5.30 棄却 | |
| | | 東京高裁 | '01. 6.12 | | |
| 38 | 731・南京虐殺等損害賠償請求事件訴訟(中国) | 東京地裁 | '95. 8. 7 | '99. 9.22 棄却 | |
| | | 東京高裁 | '99. | | |
| 39 | 日本製鉄韓国人元徴用工損害賠償等請求訴訟 | 東京地裁 | '95. 9.22 | '97. 9 対新日鉄 和解 | |
| | | | | '03. 3.26 棄却 | |
| 40 | 三菱広島・元徴用工被爆者未払賃金等請求訴訟(韓国) | 広島地裁 | '95.12.11 | '99. 3.25 棄却 | |
| | | 広島高裁 | '99. 4. 2 | | |
| 41 | 中国人「慰安婦」第2次訴訟 | 東京地裁 | '96. 2.23 | '02. 3.29 棄却 | |
| | | 東京高裁 | '02. | | |
| 42 | 劉連仁損害賠償請求訴訟 | 東京地裁 | '96. 3.25 | '01. 7.12 一部認容 | |
| | | 東京高裁 | '01. 7.23 | | |
| 43 | 平頂山住民虐殺事件訴訟(中国) | 東京地裁 | '96. 8.14 | '02. 6.28 棄却 | |
| | | 東京高裁 | '02. 7. 8 | | |
| 44 | シベリア抑留元日本兵謝罪・損害賠償請求訴訟 | 東京地裁 | '96. 9.25 | '00. 2. 9 棄却 | |
| | | 東京高裁 | '00. 2 | '00. 8.31 棄却 | |
| | | 最高裁 | '00. | '02. 3. 8 棄却 | 確定 |

| | 訴訟名 | 係属 | 提訴・控訴・上告 | 判決・取下 | 確定 |
|---|---|---|---|---|---|
| 45 | 旧日本軍遺棄毒ガス・砲弾被害事件第1次訴訟（中国） | 東京地裁 | '96.12. 9 | '03. 9.29 判決予定 | |
| | 旧日本軍遺棄毒ガス・砲弾被害事件第2次訴訟（中国） | 東京地裁 | '97.10.16 | '03. 5.15 棄却 | |
| | | 東京高裁 | '03. 5.26 | | |
| 46 | 韓国人元女子挺身隊公式謝罪・損害賠償請求訴訟（東京麻糸） | 静岡地裁 | '97. 4.14 | '00. 1.27 棄却 | |
| | | 東京高裁 | '00. | '02. 1.15 棄却 | |
| | | 最高裁 | '00.12.12 | '03. 3.27 棄却 | 確定 |
| 47 | 731部隊細菌戦（浙江省・湖南省）国家賠償請求訴訟 | 東京地裁 | '97. 8.11 | '02. 8.27 棄却 | |
| | | 東京高裁 | '02. 9. 3 | | |
| 48 | 中国人強制連行東京第2次訴訟 | 東京地裁 | '97. 9.18 | '03. 3.11 棄却 | |
| | | 東京高裁 | '03. 3.19 | | |
| 49 | 在日台湾人遺族未払教員恩給支払請求訴訟 | 東京地裁 | '97.11.12 | | |
| 50 | 中国人強制連行長野訴訟 | 長野地裁 | '97.12.22 | | |
| 51 | 日鉄大阪製鐵所元徴用工損害賠償請求訴訟 | 大阪地裁 | '97.12.24 | '01. 3.27 棄却 | |
| | | 大阪高裁 | '01. | '02.11.19 棄却 | |
| | | 最高裁 | '03. | | |
| 52 | 西松建設中国人強制連行・強制労働損害賠償請求訴訟 | 広島地裁 | '98. 1.16 | '02. 7. 9 棄却 | |
| | | 広島高裁 | '02. 7.10 | | |
| 53 | 台湾出身元BC級戦犯損害賠償請求訴訟 | 東京地裁 | '98. 5. 7 | '01. 2.23 棄却 | |
| | | 福岡高裁宮崎支部 | '01. | '02. 5.21 棄却 | |
| 54 | 大江山ニッケル鉱山強制連行強制労働損害賠償請求訴訟 | 京都地裁 | '98. 8.14 | '03. 1.15 棄却 | |

| | 訴訟名 | 係属 | 提訴・控訴・上告 | 判決・取下 | 確定 |
|---|---|---|---|---|---|
| 55 | 在韓被爆者健康管理手当<br>受給権者地位確認訴訟 (郭貴勲裁判) | 大阪地裁<br>大阪高裁 | '98.10. 1<br>'01. 6.15 | '01. 6. 1 認容<br>'02.12. 5 認容 | 確定 |
| 56 | 中国人性暴力被害者<br>謝罪損害賠償請求訴訟 (山西省) | 東京地裁 | '98.10.30 | | |
| 57 | 三菱名古屋・<br>朝鮮女子勤労挺身隊訴訟 | 名古屋地裁 | '99. 3. 1 | | |
| 58 | 崔圭明日本生命の<br>企業責任を問う裁判 | 大阪地裁 | '99. 3. 1 | | |
| 59 | 在韓被爆者李康寧健康管理手当<br>受給権者地位確認訴訟 | 長崎地裁<br>福岡高裁<br>最高裁 | '99. 5.31<br>'02. 1. 8<br>'03. 2.18 | '01.12.26 認容<br>'03. 2. 7 認容 | |
| 60 | 台湾人元「慰安婦」損害賠償・<br>謝罪請求訴訟 | 東京地裁<br>東京高裁 | '99. 7.14<br>'02. | '02.10.15 棄却 | |
| 61 | 張文彬中国人強制連行<br>被爆者損害賠償訴訟 | 新潟地裁 | '99. 8.31 | '03. 3.26 判決予定 | |
| 62 | 中国人強制連行北海道訴訟 | 札幌地裁 | '99. 9. 1 | | |
| 63 | 李秀英名誉毀損訴訟 (中国) | 東京地裁<br>東京高裁<br>最高裁 | '99. 9.17<br>'02. 5. | '02. 5.10 棄却<br>'03. 4.10 認容 | |
| 64 | 韓国人徴用工供託金<br>返還請求訴訟 (日鉄釜石) | 東京地裁 | '00. 4.27 | | |
| 65 | 中国人強制連行福岡訴訟 | 福岡地裁<br>福岡地裁 | '00. 5.10<br>'02. 6.28 | '02. 4.26 一部認容 | |

| | 訴訟名 | 係属 | 提訴・控訴・上告 | 判決・取下 | 確定 |
|---|---|---|---|---|---|
| 66 | 韓国元軍人・軍属・遺族靖国合祀絶止遺骨返還・謝罪補償請求訴訟 | 東京地裁 | '01. 6.29 | | |
| 67 | 海南島戦時性暴力被害者名誉回復等請求事件訴訟（中国） | 東京地裁 | '01. 7.16 | | |
| 68 | 中国人港湾強制労働損害賠償請求訴訟 | 新潟地裁 | '00. 9.12 | '03. 3.26 判決予定 | |
| 69 | 在韓被爆者李在錫健康管理手当受給権者地位確認訴訟 | 大阪地裁 | '01.10. 3 | '03. 3.20 認容 | 確定 |
| 70 | 中国人強制連行新潟訴訟 | 新潟地裁 | '02. 3.13 | '03. 3.26 判決予定 | |
| 71 | 中国人強制連行群馬訴訟 | 前橋地裁 | '02. 5.27 | | |
| 72 | 中国人強制連行福岡第2陣訴訟 | 福岡地裁 | '03. 2.28 | | |
| 73 | 対不二越強制連行労働者に対する未払賃金等請求2次訴訟 | 富山地裁 | '03. 4. 1 | | |

※表中の61、68、70は追加提訴後合併され、現在は新潟地裁にて一つの訴訟として継続している。

※ここでは日本の裁判所に提訴された裁判のみを対象とし、また日本人のみを補償対象とした訴訟はのぞいた。この他に関連する訴訟として、戦後50年決議無効請求訴訟、国立平和記念館建設差し止め訴訟などがある。

※追加提訴がある訴訟については、第2次分以降の提訴年月日は原則として省略した。

【主要参考文献】
　日本弁護士連合会『第36回人権擁護大会シンポジウム第1分科会基調報告書』（1993）
　戦後補償国際フォーラム実行委員会『戦後補償実現のために』（梨の木舎、1994年）
　藍谷邦雄「戦後補償裁判の現状と課題」季刊戦争責任研究第10号（1995）
　その他、各支援団体のWebサイト、「戦後補償実現！FAX速報」など。

【まとめ】
　新谷 ちか子

【協 力】
　戦後補償ネットワーク、戦後補償問題を考える弁護士連絡協議会、在日の慰安婦裁判を支える会、下関判決を生かす会

＊＊＊＊＊＊＊＊＊＊＊＊＊＊＊＊＊＊＊＊＊＊＊＊＊＊＊＊＊＊＊＊＊
事件の名称等一部内容については、新谷ちか子氏に提供いただいた資料をもとに、中国人戦争被害賠償請求事件弁護団事務局・吉原が修正をしています。
＊＊＊＊＊＊＊＊＊＊＊＊＊＊＊＊＊＊＊＊＊＊＊＊＊＊＊＊＊＊＊＊＊

## 関連年表

|  | |
|---|---|
| 1889年 | 大日本帝国憲法制定 |
| 1894年 | 日清戦争始まる |
| 1895年 | 台湾を植民地化 |
| 1904年 | 日露戦争始まる |
| 1905年 | 南樺太領有権・関東州租借権・南満州鉄道獲得 |
| 1910年 | 韓国併合 |
| 1914年 | 第1次世界大戦始まる |
| 1915年 | 対華21ヶ条要求 |
| 1919年 | 中国・五四運動 |
| 1925年 | 治安維持法制定 |
| 1927年 | 蒋介石主席の国民政府樹立 |
| 1928年 | 張作霖爆殺事件 |
| 1931年 9月 | 柳条湖事件・奉天占領（「満州事変」）【中国側呼称：九・一八事変】 |
| 1931年10月 | 国際連盟理事会、日本に満州撤兵勧告（13対1） |
| 1932年 1月 | 第1次上海事変始まる |
| 1932年 3月 | 「満州国」建国宣言 |
| 1932年 5月 | 犬養首相射殺（五・一五事件） |
| 1932年 9月 | 平頂山事件 |
| 1933年 2月 | 国際連盟総会、日本の満州支配否認決議（42対1）⇒日本脱退 |
| 1935年 8月 | 中国共産党抗日救国宣言（八・一宣言） |
| 1936年 2月 | 二・二六事件 |
| 1937年 7月 | 盧溝橋事件、日中全面戦争始まる【中国側呼称：七・七事変】 |
| 1937年12月 | 南京占領（虐殺が起る） |
| 1938年 4月 | 国家総動員法制定 |

| | | |
|---|---|---|
| 1939年 7月 | 国民徴用令制定 |
| 1939年 9月 | 第2次世界大戦始まる |
| 1940年 9月 | 日独伊3国軍事同盟締結 |
| 1940年10月 | 大政翼賛会発足 |
| 1941年12月 | 対米英開戦 |
| 1943年11月 | カイロ宣言 |
| 1943年12月 | 学徒出陣 |
| 1944年 2月 | 「華人労務者内地移入ノ促進ニ関スル件」 |
| 1945年 2月 | ヤルタ会談 |
| 1945年 6月 | 花岡鉱山の中国人労務者蜂起 |
| 1945年 7月 | ポツダム宣言 |
| 1945年 8月 | 731部隊、施設を破壊し撤退開始 |
| 1945年 8月 | ポツダム宣言受諾・敗戦 |
| 1946年 5月 | 極東軍事裁判開始 |
| 1946年11月 | 日本国憲法公布 |
| 1949年10月 | 中華人民共和国成立 |

# あとがき

　憲法記念日の夜、NHKラジオ第1放送「土曜ジャーナル」で、作家の澤地久枝さんと対談しました。この日の特集は「日本発、平和のメッセージを世界に」。市民、地方自治体、NGOなどの活動を紹介しながら、イラク戦争後の平和の可能性を探るものでした。冒頭、イラク戦争反対のデモに参加した高校生たちのインタビュー・テープが流され、アナウンサーに感想を求められました。私は、高校生たちが戦争反対デモのことを「パレード」と呼んでいることに注目。これに新鮮な驚きを感じたと述べました。澤地さんも同様の感想を持たれたようで、たまたま渋谷で高校生たちの「パレード」の横を車で通り、それに刺激されて、帰宅後、自宅のドアに「イラク戦争反対」と張り出したそうです。「それだけ、若い人たちの行動が私に影響を与えたということです」と澤地さん。

　いま、若い世代のなかで、「新しい教科書を作る会」などの影響を受けたウルトラ・ナショナリズムの傾向だけでなく、イラク戦争反対が反米的意識と結びつき、その米国による「押しつけ憲法」に反対する議論に向かうという、実に複雑な状況が生まれています。他方、日本の過去の歴史と真正面から向き合い、自分たちの未来を建設的に見つめていこうとする人々も確実に生まれています。本書は、戦後補償の問題を、もっぱら「過去の克服」や謝罪を軸としたものから、「私たち」の将来・未来をいかに築いていくのかという、「未来志向のテーマ」として論ずることに主眼を置きました。そのために、執筆者も私を除いて、すべて若い世代の方々にお願いしました。「『戦争を知らない子どもたち』を知らない子どもたち」の世代です。これも本書の特徴と言えるでしょう。

　本書は、拙編著『知らないと危ない「有事法制」』（現代人文社）にも協力してもらった馬奈木厳太郎君（早稲田大学大学院博士課程院生）の発案で生まれました。第5章に収録した「シンポジウム」の成功も、彼を軸とする院生たちの努力によるものです。彼らの若い視点と行動力は、私自身も大いに刺激になりました。本書に協力いただいた若い世代の皆さんに、心からお礼申し上げます。

　なお、現代人文社の成澤壽信、北井大輔両氏には、今回も大変お世話になりました。記して謝意を表します。

2003年8月15日<br>
水島 朝穂